Robert Bramson

Was Ihnen Ihr Chef nicht sagt, bis es zu spät ist

Wie Sie negatives Verhalten rechtzeitig korrigieren

Die Deutsche Bibliothek - CIP-Einheitsaufnahme

Bramson, Robert:
Was Ihnen Ihr Chef nicht sagt, bis es zu spät ist : wie Sie
negatives Verhalten rechtzeitig korrigieren. - Landsberg am
Lech : mvg-verl., 1997
　Einheitssacht.: What your boss doesn't tell you until it's too
　late <dt.>
　(Business-Training ; 1195)
ISBN 3-478-81195-3
NE: GT

*Für Susan, die sich ständig weiterentwickelt,
so daß auch ich mich ändern muß.
Sie sorgt dafür, daß ich praktiziere, was ich predige.*

© 1996 by Robert Bramson, Ph.D.

© für die deutsche Ausgabe: mvg-verlag im verlag moderne industrie AG, Landsberg am Lech
Alle Rechte, insbesondere das Recht der Vervielfältigung und Verbreitung sowie der Übersetzung, vorbehalten. Kein Teil des Werkes darf in irgendeiner Form (durch Fotokopie, Mikrofilm oder ein anderes Verfahren) ohne schriftliche Genehmigung des Verlages reproduziert oder unter Verwendung elektronischer Systeme gespeichert, verarbeitet, vervielfältigt oder verbreitet werden.
Umschlaggestaltung: Thomas Weinold, Schwabmünchen
Satz: Wolfgang Appun, München
Druck- und Bindearbeiten: Presse-Druck, Augsburg
Printed in Germany 081 195/297502
ISBN 3-478-81195-3

Inhalt

Vorwort 7

TEIL I Einführung: Was Ihnen Ihr Chef nicht sagt, bis es zu spät ist 10

1. Die Entscheidung, sich zu ändern 16

2. Die Aufgabe einschätzen und Ihre Ziele definieren 32

3. Planen, wie, wann und wo Sie Ihr Programm starten 68

4. In Aktion treten 96

5. So reparieren Sie Ihr Image 126

TEIL II Tips zur Umsetzung der Methoden 137

6. Tips zur Umsetzung der Methoden für Machtmenschen, Kontrollfreaks und andere starke Persönlichkeiten 139

7. Tips zur Umsetzung der Methoden, wenn Sie zu nett, zu hilfsbereit oder zu fürsorglich sind 148

8. Tips zur Umsetzung der Methoden, wenn Ihnen Nörgelei oder Negativismus vorgeworfen wurden 159

9. Tips zur Umsetzung der Methoden, wenn Sie schnell aufbrausen oder leicht in Tränen ausbrechen 167

10. Weitere Maßnahmen – ja oder nein? 179

Anmerkungen 191

Vorwort

1981 schrieb ich das Buch „Schwierige Chefs", weil ich kein anderes Buch fand, um es meinen Klienten zu empfehlen. 15 Jahre später stand ich vor dem umgekehrten Problem – ich suchte nach einem praktischen Ratgeber, wie man sein eigenes schwieriges Verhalten in den Griff bekommen kann. Warum ein so nützliches Thema bisher ignoriert wurde, ist ein Rätsel, denn wir alle sind hin und wieder zumindest ein bißchen schwierig, und es mangelt nicht an theoretischem Wissen, wie man dies ändern kann.

Es gibt unzählige Bücher, die lehren, sich selbst besser zu verstehen; sie gehen davon aus, daß ein gereiftes Selbstverständnis automatisch zu einer Änderung des Verhaltens führt. Das tut es aber nicht!

Es gibt Motivationsliteratur, die zur Ausschöpfung des persönlichen Potentials ermuntert, Texte, die kommunikative und organisatorische Fähigkeiten vermitteln, und neuerdings auch gründlich recherchierte Bücher und Artikel darüber, wie sich Probleme wie der Alkoholismus oder das Rauchen meistern lassen. Aber ich konnte beim besten Willen keinen Ratgeber finden, der beschreibt, wie man sein Verhalten ändern kann, damit es weniger einschüchternd, unentschlossen oder nörglerisch ist – um nur ein paar der Verhaltensmängel zu nennen, die vor meinen Augen bereits die perfektesten Karrieren zum Entgleisen gebracht haben. Und so blieb mir wieder nichts anderes übrig, als dieses längst überfällige Buch selbst zu schreiben – das Ergebnis liegt Ihnen vor.

Die Methoden, Schritte und Maßnahmen in diesem Buch basieren zum Großteil auf meinen Erfahrungen der letzten 20 Jahre, in denen ich meinen Klienten half, mit ihrem problematischen Verhalten fertigzuwerden. Selbstverständlich wurden diese Erfahrungen durch die Anregungen vieler anderer Menschen geprägt.

Meine derzeitigen Partner, Susan Bramson und Lucy Gill, sind für mich immer wieder eine Quelle der Inspiration, der professionellen Einsicht und des etwas anderen Blickwinkels, der meinen eigenen Standpunkt relativiert. Susan, meine Ehefrau, die Mutter meiner Kinder und häufig meine Ko-Beraterin, fordert mich mit ihrer Fähigkeit, hinter der Fassade der Realität die tiefere, emotionale Wahrheit zu erkennen, immer wieder neu heraus.

Lucy, ehemals Forschungslehrbeauftragte am Palo Alto Mental Research Institute, ist eine Pionierin, was die Übertragung im Rahmen systematischer Kurztherapien entwickelter Techniken auf schwierige Situationen am Arbeitsplatz betrifft; ihr verdanke ich die Erweiterung meines eigenen Repertoires an Beratungstechniken.

Wilson Yandell, von dem ich viel über meinen Beruf lernte, und mein Freund Walcott Beatty, emeritierter Psychologieprofessor an der San Francisco State University, haben unauslöschlichen Einfluß auf meine Einstellung gegenüber Menschen genommen. Das gleiche gilt für James Bugental, zu dem ich zwar seit meinen Studienanfängen nur begrenzt Kontakt hatte, dessen Bücher aber den Einsichtsreichtum, den ich vor langer Zeit in ihm fand, immer wieder bestätigen.

Mein Dank geht an Kara Leverte, einer Redakteurin und Freundin, die mir beim Originalentwurf dieses Buches half, an Marilyn Abraham von Fireside Books, die mir in all den Jahren zur Seite stand, an meine Herausgeberin Cynthia Gitter, die dieses Buch in seinen Endphasen betreut hat. Carol Mann – 14 produktive Jahre lang meine treue Freundin und Agentin – war wie immer stets für mich da. Sie weiß vermutlich nicht, wie sehr ich ihre Unterstützung schätze und wie sehr ich ihr dafür danke.

Meine Kinder und ihre Familien haben wesentlich dazu beigetragen, daß ich zu der Person wurde, die ich heute bin; insofern haben sie Anteil an diesem und allen anderen Büchern, die ich je geschrieben habe. Ich hoffe, sie sind mit den Ergebnissen zufrieden.

Noch eine Anmerkung: Ich habe versucht, das ungelenke „er oder sie" oder „er/sie" zu umgehen, indem ich den Plural oder, wo der Singular mehr Sinn machte, „er" oder „sie" verwendete. In beiden Fällen sollen sich sowohl Männer wie Frauen angesprochen fühlen, da schwierige Verhaltensweisen und die Fähigkeit, diese zu ändern, keinem Geschlecht vorbehalten sind. In den Beispielen, die in diesem Buch behandelt werden, habe ich mich soweit wie möglich um die Beschreibung real existierender Personen bemüht und lediglich Fakten geändert, die die Privatsphäre der Handlungspersonen verletzen könnten.

Robert Bramson

Teil I
Einführung:
Was Ihnen Ihr Chef nicht sagt, bis es zu spät ist

Wenn Sie vollkommen davon überzeugt sind, daß Sie andere niemals mit Ihrem Verhalten reizen, ärgern oder sonstwie schwierig sind, lesen Sie nicht weiter – dieses Buch ist nichts für Sie. Denn es geht davon aus, daß kein Mensch perfekt ist, daß sich die meisten von uns ihrer Fehler und Mängel nur teilweise bewußt sind und daß unsere Verhaltensticks letztendlich – egal, wie weit wir beruflich bereits vorangekommen sind – das Ausmaß, in dem wir von unseren besten und herausragendsten Qualitäten profitieren, begrenzen können und werden. Wir ziehen diese Unzulänglichkeiten wie eine unsichtbare Falle hinter uns her, die irgendwann in unserer beruflichen Laufbahn – ein bestimmter Job, ein Aufstieg im Betrieb, die Chance auf eine Partnerschaft – zuschnappt und uns gefangenhält. Oder aber wir versuchen verzweifelt, uns freizustrampeln, um am Ende vollkommen erschöpft zurückzubleiben.

Stephen und Nancy sind Beispiele für zwei attraktive, fähige junge Leute, deren Falle plötzlich zuschnappte.

Starrköpfiger Stephen

Es dauerte zwei Wochen, bis Stephen Smith sein emotionales Tief weit genug überwunden hatte, um seinem Chef unter die Augen treten zu können. Drei wichtige Mitarbeiter des Beratungskomitees eines von der Stadt unterstützten Projekts für mentale Gesundheit waren schnurstracks in Stephens Büro marschiert, weil „wir die Karten auf den Tisch legen wollen". Dann teilten sie ihm mit, sie hätten seinem Vorgesetzten gegenüber soeben darauf bestanden, daß dieser einen neuen Projektleiter einsetze. Zugegeben, meinten sie zu Stephen, beim Aufbau des Beratungscenters hätte er passable Arbeit geleistet, aber jetzt sei jemand mit „einem breiteren Horizont, mehr Flexibilität" gefragt.

Später gab einer seiner Freunde aus dem Komitee auf Stephens Drängen hin zu, seit Monaten wären Beschwerden laut geworden, Stephen sei ein Schwarzweißmaler, für den nur ein Weg existiere – sein Weg. „Du bist sehr clever, aber du hast keinerlei Geduld mit jemandem, der die Dinge anders sieht als du. Ich habe schon versucht, dir das zu sagen, aber offen gestanden – ein guter Zuhörer bist du auch nicht. Was mich überrascht, ist, daß dein Chef dich nicht schon früher zur Rede gestellt hat. Jetzt haben diese Jungs die Nase voll und wollen dir an den Kragen."

Nüchtern denkende Nancy

Nancy war stolz darauf, ihren Job als Abteilungsleiterin nüchtern und effizient zu erledigen. Sie hatte keine Geduld für Smalltalk, Entscheidungen traf sie ohne langes Überlegen, und, wenn es sein mußte, entließ sie Mitarbeiter, die die Leistungserwartungen nicht erfüllten. Als sie zweimal bei einer Beförderung übergangen wurde, reagierte sie verletzt und verwirrt. „Sie sagen, ich kommuniziere nicht gut", klagte sie. „Kann sein, aber meine Zahlen sind besser als die aller anderen, und angeblich kommt es nur darauf an."

Manchmal, wie im Fall von Stephen und Nancy, schlagen die Konsequenzen persönlicher Verhaltensfehler mit brutaler Macht zu: Ihre Firma wird umstrukturiert, und Sie sind der erste, der seinen Posten verliert. Oder aber Sie werden bei einer Beförderung erneut von jemandem mit schlechterem Urteilsvermögen und weniger Kompetenz ausgestochen.

Die Botschaft kann Sie aber auch subtiler erreichen: Vielleicht als E-Mail-Nachricht eines anonymen Witzbolds aus der Personalabteilung, der Ihnen mitteilt, Ihre Abteilung habe diesen Monat den Kummerkasten-Preis gewonnen. Oder ein Teammitglied kanzelt Sie vor versammelter Mannschaft ab – mit einem Lachen, versteht sich, aber Sie erwischen Ihre Lieblingskollegin, die besorgt beobachtet, wie Sie die Sache aufnehmen.

Wenn Ihnen solche Peinlichkeiten bereits passiert sind oder man Ihnen gesagt hat, Sie seien manchmal anmaßend, schroff oder launisch, eine Quasselstrippe, ein Tyrann oder ein Klageweib, jedenfalls auf die eine oder andere Weise problematisch oder schwer zu verstehen, kann es sein, daß Sie sich daraufhin als Verlierer in Sachen Persönlichkeit einstufen. Sie wünschten, Sie wären anders und wollen fortan kleinere Brötchen backen. Wahrscheinlich aber verhalten Sie sich wie die Personen, mit denen ich gearbeitet habe – nämlich vollkommen anders. Sie versuchen, Ihr Ego intakt zu halten, indem Sie Ihre Schwierigkeiten auf die Horde Schwächlinge, Dummköpfe und Machos zurückführen, mit denen Sie tagein tagaus konfrontiert sind, und sind damit in der Tat manchmal im Recht – wenigstens teilweise.

Sicher gab es Zeiten, als Ihr Problemverhalten nicht weiter ins Gewicht fiel, speziell am Anfang Ihrer Karriere, als Ihr fachliches Können noch im Vordergrund stand. Außerdem gibt es natürlich immer Gründe zu der Annahme, die Situation, in der man steckt, müsse sich ändern und nicht man selbst. Schwierige Vorgesetzte, rachsüchtige Kunden, Wirtschaftsflauten und Firmenumstrukturierungen sind Faktoren, auf die wir kaum Einfluß haben.

Klar fragen Sie sich ab und zu, ob nicht vielleicht doch etwas an der Kritik dran ist. Doch selbst wenn, so Ihre legitime Frage, sollten Sie sich nicht einfach akzeptieren wie Sie sind und ein Umfeld suchen, wo Ihr Talent und Ihre angeborenen Qualitäten eher geschätzt werden? „Schließlich", so denken Sie, „kann ich doch wohl erwarten, daß meine Vorgesetzten, Mitarbeiter und Klienten mir einen gelegentlichen Lapsus nachsehen, oder? Oder soll ich mich gleich drei Jahre auf die Couch legen, damit ein Therapeut mir meine Verhaltensfehler austreibt? Was das an Zeit und Geld kostet! Und überhaupt, so übel kann ich gar nicht sein – sonst hätte ich es wohl kaum so weit gebracht. Und nebenbei bemerkt: Wirklich talentierte Leute haben immer ein paar Macken."

Eine Alternative besteht darin, die Warnsignale so lange zu ignorieren, bis sie einen Preis fordern, den zu zahlen Sie nicht bewußt gewählt haben. Ich habe so viele Klienten auf den verschiedensten Firmenebenen erlebt, die in dieser Weise auf Karriereknicks reagierten, daß ich es inzwischen für die Norm unter ehrgeizigen Karrieristen halte. Doch es gibt noch einen anderen, mutigeren Weg, der allerdings seltener eingeschlagen wird. Finden Sie heraus, mit welchem Verhalten Sie die für Ihren beruflichen Erfolg wichtigen Personen irritieren, verärgern oder aus der Fassung bringen, und lernen Sie dann, diese Verhaltensweisen gerade genug zu zügeln, um so erfolgreich zu sein, wie Ihre Energie und Ihre Fähigkeiten es erlauben. Dieses Buch hilft Ihnen dabei.

Die Methoden und Techniken der einzelnen Kapitel stammen aus meinen 25 Jahren Beratererfahrung, in denen ich Managern und Angehörigen der freien Berufe – ganz gleich auf welcher Ebene oder in welcher Sparte sie tätig waren – auf eigenen Wunsch oder auf Anordnung hin half, Verhaltensweisen zu ändern, die ihre Effektivität oder ihre Beförderungschancen minderten. Im Laufe der Jahre wurden diese Methoden durch meine Partner weiterentwickelt und perfektioniert, und, ein ebenso wichtiger Punkt, sie entsprechen dem aktuellen Stand der Verhaltensforschung.

Dieses Buch richtet sich demnach an dynamische, begabte Leute wie Stephen und Nancy,

1. die wünschten, sie würden nicht die Geduld verlieren, nachgeben, weinen oder andere vor den Kopf stoßen;
2. die angeschrien, durch Anspielungen aufmerksam gemacht, entlassen oder bei Beförderungen übergangen wurden;
3. denen geraten wurde, mehr oder weniger aggressiv, kommunikativer, weniger schwatzhaft, gefühlsbetonter zu sein bzw. umgekehrt;

4. die auf ein anderes unpassendes, Verärgerung oder Befremden auslösendes Verhalten, das ihre Effektivität minderte, hingewiesen wurden.

Dieses Buch ist nicht als Anleitung zur Selbstpsychotherapie gedacht. Sein Ziel ist nicht, Ihre Persönlichkeit umzukrempeln, sondern lediglich, die Art und Stärke der Verhaltensweisen, die Ihren Interessen zuwiderlaufen, geringfügig zu modifzieren. Denjenigen, die sich bereits auf das Abenteuer Therapie eingelassen haben, kann dieses Buch nützliche Etappenmaßnahmen bis zur Offenlegung der für ihr Problemverhalten verantwortlichen Motivationen und Irrationalitäten bieten. In den folgenden Kapiteln finden Sie einen praktischen Ansatz zur Beantwortung von zwei fundamentalen Fragen, die auch Sie sich wahrscheinlich schon gestellt haben:

1. Wie lerne ich, mich selbst, meine Schwächen und Stärken, durch die Augen derer zu sehen – Vorgesetzte, Mitarbeiter, Klienten und Kunden –, die am wichtigsten für meinen Erfolg sind?
2. Wie kann ich – auf eine Weise, die meinem Naturell entspricht und die ich moralisch-ethisch akzeptieren kann – bestimmte Neigungen minimieren, modifizieren oder im Zaum halten, ohne wesentliche Teile meiner Persönlichkeit oder meines Ichs aufzugeben?

Wenn Sie zum jetzigen Zeitpunkt noch nicht bereit sind, diese Fragen für sich selbst zu beantworten, können Sie dieses Buch Untergebenen, Kollegen oder Vorgesetzten empfehlen, denen Sie sagen wollen – oder es bereits getan haben: „Wir mögen, schätzen und respektieren Sie, aber würden Sie bitte aufhören, so... zu sein?" (Falls Sie das Buch zum Verschenken gekauft haben, sollten Sie die ersten Kapitel selbst lesen. Wer weiß? Vielleicht legen Sie sich ja bald ein zweites Exemplar zu.)

Kapitel 1 betrachtet das Pro und Kontra Ihrer Entscheidung, sich zu ändern. Es enthält außerdem eine Checkliste mit Punkten, die eine solche Entscheidung ratsam erscheinen lassen.

Kapitel 2 und *3* schlagen Methoden vor, mit denen Sie herausfinden können, wie andere Sie sehen. Daneben erfahren Sie, wie Sie anhand dieser Informationen einen praktischen Aktionsplan entwickeln können.

Kapitel 4 führt Sie Schritt für Schritt durch einen Verhaltensmanagement-Prozeß, der Sie in die Lage versetzt, so offen oder unauffällig in Aktion zu treten, wie es Ihre Situation erfordert.

In *Kapitel 5* geht es um die Korrektur negativer Eindrücke, die wichtige Leute – gerechtfertigt oder nicht – von Ihnen haben. Leider kann es sein, daß Ihr Image bestehen bleibt, obwohl Ihr Verhalten sich längst geändert hat.

In *Kapitel 6* bis *9* werfen wir einen konkreten Blick auf Probleme und Chancen, die mit dem Kontrollieren oder Ändern einiger gängiger Formen von Problemverhalten einhergehen. Auch wenn diese Verhaltensmuster nicht auf Sie zutreffen, gewinnen Sie vielleicht ein paar nützliche Ideen, um sie an Untergebene oder Teamkollegen weiterzugeben.

Kapitel 10 erforscht, welchen Sinn weitere Maßnahmen – der Einstieg in einen längerfristigen Änderungsprozeß – für Sie machen, und nennt Punkte, die das ratsam erscheinen lassen.

Die Bereitschaft, sich zu ändern, Verhaltensweisen abzulegen oder neu zu gestalten, die möglicherweise über viele Jahre hinweg ein Teil Ihres Ichs waren, bildet das Herzstück dessen, was Sie momentan in Erwägung ziehen. Daher kann ein besseres Verständnis, wie der Änderungsprozeß im Detail aussehen wird, Ihnen bei Ihrer Entscheidung helfen, ob und inwieweit Sie sich darauf einlassen wollen. Blättern Sie daher zu Kapitel 1.

1.
Die Entscheidung, sich zu ändern

Im Laufe der Jahre habe ich zwei verschiedenen Gruppen von Klienten bei der Änderung von karrierehinderlichem Verhalten geholfen. Häufiger als vielleicht vermutet, handelte es sich dabei um Führungskräfte oder erfolgreiche Selbständige, die stets bemüht waren, ihre eigenen Bestleistungen zu überbieten. Für sie bestand die Haupthürde darin, andere zu einem Feedback zu bewegen, das sich nicht in einem „Alles ist großartig, Sie sind großartig" erschöpfte, sondern wenigstens ein zögerliches „Nun ja, ein paar Dinge gibt es, die besser sein könnten" wagte. Obwohl sie sie nicht gerne hörten, haben sie die Kritik doch angeregt, weil sie wußten, sie wäre die einzige Möglichkeit, ihre beachtlichen Fähigkeiten weiter auszubauen.

Wenn Sie sich dieser Elite, die trotz Top-Leistungen stets noch besser sein will, zugehörig fühlen, können Sie den Rest dieses Kapitels überspringen und die Folgekapitel nach Anregungen für eine weitere Perfektionierung überfliegen. Wenn Sie noch nicht soweit sind, lesen Sie weiter. Die Mehrzahl meiner Klienten waren hochtalentierte Leute, die plötzlich von der Erkenntnis überrascht wurden, daß ihre Karriere ins Stocken gekommen oder entgleist war und sie womöglich selbst zu dieser Entwicklung beigetragen hatten. Die bösen Vorzeichen reichten von vernichtenden Entlassungsgesprächen, miserablen Beurteilungen, angedrohter Kündigung aus schwerwiegendem Grund bis hin zu wiederholten Beförderungsablehnungen. Kaum einer von ihnen gab anfangs zu, daß die Fehler bei ihm selbst lagen, und die wenigsten konnten glauben, daß sie so gar keine Ahnung hatten, wie sie von ihren Mitarbeitern beurteilt wurden. Ich riet ihnen, zu Beginn ihrer Nachforschungen skeptisch zu bleiben, gleichzeitig aber für alle Möglichkeiten offen zu sein. Und Ihnen rate ich dasselbe. Denn solche unliebsamen Vorkommnisse können in mehrerlei Hinsicht nützlich wirken.

Erstens kann Sie die Überraschung – „Schock" wäre wohl der passendere Begriff –, wie wenig Sie über den Eindruck wissen, den andere – vor allem Leute, deren Meinung für Sie zählt – von Ihnen haben, veranlassen, die Verhaltensweisen, die Sie am stärksten zurückhalten, herauszufinden und zu ändern. Und sie kann helfen, Ihr Ego zu retten. Denn: Wenn Sie keine Ahnung hatten von den unbeabsichtigten Eindrücken, die Ihre Aussagen, Handlungen oder Verhaltensweisen auf andere machten, wie hätten Sie die Konsequenzen dieser Eindrücke abwehren sollen?

Zweitens können Richtung und Schwere der ausgeteilten Schläge, ähnlich wie die Symptome einer Krankheit, bei der Identifikation dessen, was Sie ändern müssen, behilflich sein. Nancy beispielsweise, der aggressiven Abteilungsleiterin aus Teil I, war klar, daß weder ihre Fachkenntnis noch ihre Energie oder ihre Fähigkeit, Projekte in einem bestimmten Zeit- und Budgetrahmen durchzuziehen, in Frage standen. Statt dessen behinderte ihre interpersonelle Kompetenz – bzw. deren offenkundiges Fehlen – ihr berufliches Fortkommen.

Der dritte und wichtigste Punkt: Egal, wie kränkend solche Ereignisse sind, sie dienen als rechtzeitige Warnung, daß bestimmte unbemerkte Aspekte Ihres Verhaltens Ihr Vorankommen blockieren. Diese mal unverhohlenen, mal subtilen Warnungen ernstzunehmen – zu erkennen, daß einiges von dem, was Sie tun oder wie Sie es tun, einen höheren Preis fordert, als Sie bewußt zu zahlen bereit sind – ist der Schlüssel für Ihre Veränderung.

Dieses Kapitel soll Ihnen helfen herauszufinden, ob der effektive Umgang mit Ihrem eigenen Problemverhalten die richtige Marschrichtung für Sie ist oder nicht. Noch einmal: Bleiben Sie skeptisch, aber allen Möglichkeiten gegenüber so offen wie möglich.

Die Entscheidung, sich zu ändern – ein langer Prozeß

„Schön und gut", sagte Sally zu mir, „mein Chef hat Ihnen also erzählt, ich sei eine selbstgerechte, eigensinnige, besserwisserische Person, die nie zuhört. Verraten Sie mir eins, Dr. Bramson. Wenn dem so ist, wie kommt es dann, daß ich die höchstbezahlte Produktmanagerin im Corporate Marketing bin und dabei erst 33?"

„Nun", erwiderte ich, wie ich vermute mit mehr als einer Spur Arroganz im Ton, „die Frage ist, ob Sie in dieser oder einer anderen Firma zur Marketingdirektorin aufsteigen wollen oder mit Ihrer jetzigen Position zufrieden sind?"

„Das ist etwas anderes", meinte Sally darauf, „Tom" – der momentane Marketingdirektor – „war ohne Zweifel ein begabter Verkäufer, aber meinen Produktplan für dieses Jahr hat er immer noch nicht abgesegnet – er ist schrecklich unentschlossen. Nett, ja, aber absolut hilflos, wenn nicht alle einer Meinung sind. Meinen Sie wirklich, ich wäre besser dran, wenn ich so wäre ich wie er?"

Sally wußte nicht, daß sie bereits mittendrin steckte in der Vorstufe des Änderungsprozesses – ein unterschwelliges Gefühl, daß irgend etwas verkehrt läuft. Ihr Verhalten war durchsetzt mit trotzigen Versuchen, Ängste, Ärger oder sogar Scham zu unterdrücken, indem man beweisen will, daß das Problem nicht *wirklich* existiert („Jeder tut es"), daß die Schuld bei jemandem oder etwas anderem liegt („Mein Chef kann nicht erwarten, daß ich über alle Vorgänge in meiner Abteilung informiert bin") oder daß eine Änderung sowieso nicht möglich ist („Meine Mutter hat schon immer gesagt, ich sei zu selbstsicher"). Andere mögen sehr wohl die Notwendigkeit zur Veränderung erkennen – wie Sallys Vorgesetzter und ihre Untergebenen es taten –, aber das Bedürfnis nach Selbstschutz läßt sie stur in die andere Richtung blicken.

Generell ist diese Eigenart, sich selbst nie als Quelle von Problemen zu sehen, recht praktisch. Sie bleiben dadurch optimistisch und bereit zu neuen Versuchen, und Sie bewahren auch in angespannten Lagen ein hohes Leistungsniveau. (Zugegeben, Sie füllen damit Ihr Depot an verborgenen Ängsten auf, weil ein Teil von Ihnen weiß, daß Sie sich selbst belügen, aber dafür ist ein anderer Teil Ihres flexiblen Gehirns zuständig.)

In diesem „Ich bin okay, wie ich bin"-Stadium *können* Sie lange Zeit bleiben, vielleicht sogar für den Rest Ihrer Karriere. Die Ironie dabei: Je kompetenter Sie in einem anerkannten Bereich sind, um so geringer ist unter Umständen Ihre Motivation, Verhaltensprobleme, die Ausmaß oder Richtung Ihres Erfolgs begrenzen, gezielt anzupacken. Nicht mangelnder Wille oder Mut hält Sie ab, sondern einfach die Tatsache, daß Sie noch nicht bereit sind, den Preis einer Veränderung auf sich zu nehmen. Es ist ganz und gar nicht unrealistisch, wie Sally zu fragen: „Wenn ich in meiner momentanen Situation zufrieden bin, warum soll ich mir Ärger aufhalsen? Gilt die Regel 'Was nicht kaputt ist, soll man nicht reparieren' für Menschen nicht ebenso wie für Autos?"

Eine wichtige und durchaus überlegenswerte Frage – der Versuch, einen Verhaltenstick zu ändern, mit dem Sie nun schon so lange gelebt haben, mag den Aufwand nicht wert sein. Um Ihre persönliche Antwort zu finden, müssen Sie die Kosten einer Veränderung und die Konsequenzen, die entstehen, wenn Sie sich nicht verändern, dem potentiellen Nutzen gegenüberstellen und sorgfältig abwägen – eine wichtige, wenn auch nicht immer leichte Aufgabe. Auf der einen Seite stehen die Anforderungen und Unerfreulichkeiten, die Sie auf Ihrem Weg erwarten: die Peinlichkeit, andere um ihr Feedback zu bitten und ihnen zuzuhören; der Konflikt, die für Ihren Lernprozeß erforderliche Zeit von anderen Aufgaben abziehen zu müssen; und der Druck, sich zumindestens eine Zeitlang darauf konzentrieren zu müssen, wie Sie sich anstellen. Und dann ist da noch das Gefühl von Verlust, das entsteht, wenn Sie die mit Ihren alten Verhaltensmustern verbundene Befriedigungen aufgeben. Sehen wir uns ein paar der Kosten und Opfer im Detail an.

Zeit, Konzentration und Gene

Wie jede neue Aufgabe nimmt die Änderung von Teilen Ihres Verhaltensrepertoires Zeit und Konzentration von anderen Projekten weg, die Ihr umtriebiges Leben füllen. Einiges von dieser Zeit holen Sie wieder herein, indem Sie nicht länger den durch Ihr schwieriges Verhalten hinterlassenen Schutt wegkehren müssen. Wie gut es Ihnen dabei geht, hängt von mehreren Faktoren ab: ob Ihr Sinn für Humor intakt bleibt, wenn Ihr eigenes fragwürdiges Verhalten im Zentrum Ihrer Aufmerksamkeit steht; wieviel Unterstützung Sie von Ihren Mitmenschen erfahren (mehr dazu in späteren Kapiteln); und auch davon, ob Ihr Verhalten teilweise genetisch verwurzelt ist. Es gibt immer mehr wissenschaftliche Beweise für die Vererbung bestimmter Verhaltenstendenzen – das beste Beispiel ist Aggressivität.

Schließlich gelang es den Biologen nicht umsonst, Generationen feindseliger, aggressiver Ratten zu züchten; Stierkämpfer wissen um die besondere Wildheit speziell für die Corrida gezüchteter Bullen, und Studien mit getrennt aufgewachsenen eineiigen Zwillingen beweisen, daß viele menschliche Verhaltensmerkmale zu mindestens 50 Prozent ererbt sind. Der Psychologe Abraham Tesser wies darauf hin, daß biologisch verankerte Einstellungen sehr hartnäckig sind und Versuche, sie zu ändern, besonders viel Kraft kosten. Aber es geht Ihnen ja nicht um eine Veränderung Ihrer Persönlichkeit, sondern nur um die Aneignung neuer Fertigkeiten, Perspektiven und um mehr Kontrolle. Trotzdem müssen Sie sich, zumal Sie gegen Ihre eigene Biologie ankämpfen, immer wieder bewußtmachen: Was Ihnen natürlich und richtig vorkommt, muß nicht immer zu Ihrem Besten sein.

Um hingegen eine erworbene Verhaltensweise abzulegen, die Sie aus einem anderen Umfeld mitgeschleppt haben – ohne etwas von den karrierefeindlichen Konsequenzen zu ahnen –, braucht es manchmal nur ein kurzes Überlegen und ein Minimum an Übung.

Veränderungen schaffen Konflikte

Weniger auf der Hand liegt die Tatsache, daß Ihr verändertes Verhalten andere unweigerlich unter Druck setzt, indem es sie zwingt, ihre gewohnten Reaktionen auf Sie aufzugeben. Obwohl sie sich lauthals über ihre fordernde, besserwisserische Art beklagt hatten, waren Sallys Teammitarbeiter, nachdem sie nicht mehr automatisch alle Entscheidungen an sich riß, anfangs ziemlich ratlos, denn jetzt mußten sie ja selbständig denken. Schlimmer noch: Sie konnten sie nicht mehr für sämtliche später auftauchende Fehler verantwortlich machen.

Wenn Sie umgekehrt ein leicht zu überzeugender Teamleiter sind, der endlich gelernt hat, „nein!" zu sagen, wird Ihre neue Standfestigkeit einigen Ihrer Kollegen gefallen, andere jedoch mit Sicherheit vor den Kopf stoßen. Angenommen, Sie sind jetzt eher bereit, offen anderer Meinung als die Teamkollegen zu sein, so müssen sich diese notgedrungen mit Ihren Fakten, Ihrer Meinung und Ihrer Sichtweise auseinandersetzen – vielen ist das lästig. Normalerweise profitieren sie von der neuen Situation. Obwohl sie sich vielleicht beschweren, daß Sie, der Sie immer so nett waren, nun plötzlich so schwierig sind, werden sie bessere Problemlöser, denn sie müssen sich mit dem abfinden, was Sie sagen.

Identitätsverlust

Speziell wenn Sie vom Naturell her eher introvertiert sind, quälen Sie vielleicht Gedanken wie diese: „Wenn ich aufhöre, mich spontan und natürlich zu verhalten, gebe ich dann nicht einen Teil meines Wesens auf und werde zum scheinheiligen Rollenspieler wie alle anderen? Meinen Gefühlen zuwiderzuhandeln ist einfach unehrlich." Sind Sie dagegen eher extrovertiert, fragen Sie sich womöglich, ob es nicht eine Niederlage Ihrer Individualität bedeutet, wenn Sie Ihr Verhalten ändern, nur weil andere es so wollen.

Diese Fragen haben viele meiner Klienten, die eine Veränderung erwägten und gleichzeitig sie selbst bleiben wollten, intensiv beschäftigt. Eine Antwort auf sie zu finden ist nicht leicht, denn die Vorstellungen, auf denen sie basieren – zum Beispiel: „Du sollst dich immer geben, wie du bist; eine Fassade vor sich her zu tragen, ist schwach und unaufrichtig" –, enthalten sowohl Sinn als auch Unsinn. Sicher bedeutet, sich bewußt und rational statt spontan zu verhalten, dem eigenen Naturell zuwiderzuhandeln, und das Wesen, das sich so verhält, ist nicht Ihr echtes Wesen – sofern „echt" das „Holz" meint, aus dem Sie aufgrund Ihrer Gene und frühesten Kindheitserlebnisse geschnitzt sind. Sein Verhalten nicht von Gefühlen leiten zu lassen zählt andererseits zu den Dingen, die Sie von klein auf gelernt haben. Ein Beispiel: keine körperliche Gewalt anzuwenden, auch wenn Ihr Gegenüber Sie so wütend macht, daß Sie gute Lust dazu hätten. Der emotionale Teil Ihres Wesens will zuschlagen, doch Ihre Ratio gemahnt Einhalt: „Besser nicht!"

Trotzdem erzeugt ein bewußt künstliches Verhalten Unbehagen, auch wenn die Logik dahinter stimmig erscheint. Auch der nüchternen Nancy, die grimmig durch die Flure ihrer Produktionsabteilung schritt, fiel es schwer, sich mit der Idee anzufreunden, zu Hause vor dem Spiegel einen freundlichen Gesichtsausdruck zu üben. Den Vorschlag hatte ich gemacht, weil viele ihrer Untergebenen ihre heruntergezogenen Mundwinkel als Zeichen unerbittlicher Mißbilligung gegenüber allem und jedem gedeutet hatten.

Schließlich stimmte sie zu, nachdem ich ihr erklärt hatte, die Position ihrer Mundwinkel sei größtenteils genetisch bedingt und ich sähe keinen Grund, zumal sie sich weder ihre Eltern noch ihre Gene ausgesucht hatte, warum sie sich mit der Reaktion anderer auf ihre unbeabsichtigt sauertöpfische Miene abfinden müsse. Außerdem bedeutete das nicht, daß sie den Einwänden anderer rückgratlos nachgab. Die Karriere, die sie gewählt hatte, erforderte nun einmal, daß sie mit anderen zusammenarbeitete, und deren Reaktionen beinflußten die Verwirklichung ihrer eigenen Interessen. „Sie wollen damit also sagen", resümierte sie unwillig, „daß ich entweder allein arbeiten und in Kauf nehmen muß, daß ich es nie zu mehr bringe als zur Abteilungsleiterin, oder lernen muß, zu lächeln wie eine Idiotin, während ich gerade überlege, wie ich meine Produktion höherschrauben und den Ausschuß minimieren kann."

Doch keine Angst! Wer sich selbst treu bleiben will, steht nicht auf verlorenem Posten. Wie der Sozialpsychologe Kenneth Gergen sinngemäß sagt, müssen Sie den Gedanken vom „authentischen Selbst" nicht aufgeben, um zu erkennen, daß bestimmte Marotten, die Sie angenommen haben, Ihr Leben unnötig schwer machen. Diese Einsicht wird von Ihrem neuen authentischen Selbst einfach übernommen.

Problemverhalten aufgeben heißt auf Befriedigungen verzichten

Egal ob genetisch ausgelöst oder nicht – wenn schwierige Verhaltensweisen Eingang in unser Gesamtrepertoire gefunden haben, so liegt das daran, daß sie für uns funktionieren, also uns helfen, einige praktische oder psychologische Bedürfnisse zu erfüllen. Stephen beispielsweise gab es jedesmal ein Gefühl von Sicherheit, wenn er andere seinen streng rationalen Plänen und Strategien unterwerfen konnte; für Nancy war es erhebend, wenn sie durch Manipulation von Menschen und Materialien die Produktivität ihrer Abteilung auf die Spitze trieb; und Sallys Selbstwertgefühl erhielt kräftigen Aufwind, wann immer sie mit ihrer Kompetenz Eindruck schinden konnte.

Sie alle steckten im gleichen Dilemma: Gibt man ein bestimmtes Problemverhalten auf, muß man sich zwangsläufig von den damit verbundenen Befriedigungen verabschieden – ein Verlust, der durch die neue Souveränität und bessere Bewältigung der Arbeitssituation womöglich nur teilweise aufgewogen wird. Denn leider sind die letztgenannten Errungenschaften meist nur ein schwacher Ersatz für den Schauder, der einem beim lautstarken Abkanzeln eines armen Sünders genüßlich über den Rücken läuft. Am Ende unserer Sitzungen drückte Sally das so aus: „Seitdem ich besser zuhöre und nicht mehr großspurig mein Können raushängen lasse, arbeiten wir wirklich als Team zusammen, machen weniger Fehler, und die Zeitspanne zwischen Idee und Realisierung ist deutlich kürzer. Aber irgendwie empfinde ich nicht mehr soviel Befriedigung wie damals, als ich noch der Guru der Abteilung war. Das ist so ähnlich wie bei meiner Diät. Ich mag es, schlank und fit auszusehen, aber ein Ersatz für Schokoladeneis mit Sahne ist das weiß Gott nicht."

Es gibt jedoch einen Aspekt, an dem Sie sich aufrichten können, wann immer Sie sich fragen, ob die Entwicklung einer effektiveren Persönlichkeit es wert ist, auf die durch Schikane, Großspurigkeit, Konfliktscheu, um des lieben Friedens willen oder durch welches Problemverhalten auch immer gewonnenen Befriedigungen zu verzichten. Vergessen Sie nicht: Ihre Aufgabe ist es, die Art und Weise zu ändern, *wie* Sie Ihre Verhaltensmerkmale nutzen – was Sie durchaus kontrollieren können –, und nicht, sie um jeden Preis loszuwerden, was ohnehin nicht möglich ist. Dafür zu sorgen, daß Ihre Mitarbeiter Sie statt als „schroff" als „energisch, aber hilfsbereit" sehen, heißt nicht, daß Sie aufhören müssen, sich mächtig und einflußreich fühlen zu wollen, sondern daß Sie Ihre Wünsche lediglich anders kanalisieren müssen. Hier hilft uns der glückliche Zufall, daß unsere Verhaltenstendenzen in der Regel unseren wertvollsten Motiven und Eigenschaften entspringen.

So ist beispielsweise Sallys Stolz auf ihren scharfen Verstand nicht einfach mit einem aufgeblasenen Ego gleichzusetzen.

Sowohl sie selbst als auch ihr Team und ihre Firma profitierten von ihrer Einsicht und Entschlossenheit. Das Problem: In der Überzeugung, daß ihre Lösung die richtige ist, sah sie nur schwerlich ein, daß andere Wege genausogut – nun ja, fast genausogut – ans Ziel führten.

„Dann ist es hoffnungslos", war Sallys erster Kommentar, nachdem ich ihr klargemacht hatte, wie ihr Problem zum Großteil darin bestand, daß sie ein wenig zu eigensinnig war, „denn meine Methode scheint in der Regel die beste zu sein, und wir haben nicht immer genug Zeit, um alle möglichen Alternativen zu prüfen. Andererseits sagen Sie damit auch, daß ich nicht unbedingt meine Person oder meine Art, die Dinge zu tun, ändern, sondern nur ein bißchen lockerer werden muß. Ich muß also nicht mein Gehirn ausschalten – nur darauf achten, daß ich erst zuhöre, was die anderen zu sagen haben. Habe ich Sie da richtig verstanden?"

„So ziemlich", kam ich ihr entgegen – wohl wissend, daß es so einfach nicht sein würde, wollte ich ihren Optimismus doch nicht zerstören. „Kein Mensch will schließlich, daß Sie Ihr Gehirn ausschalten."

Was, wenn ich beschließe, mich nicht zu ändern?

Als letzte Etappe Ihres Entscheidungsprozesses, ob Sie sich weiterentwickeln wollen oder nicht, müssen Sie die Kosten einer Veränderung und die Konsequenzen, wenn Sie sich nicht verändern, sorgfältig abwägen.

Manchmal liegen die Konsequenzen deutlich auf der Hand. Für den Ladenbesitzer William, der seinen Kunden ständig Serviceversprechungen machte, die er nicht einhalten konnte, waren die Konsequenzen einer Nichtänderung seines Verhaltens Beschwerden, eine unzufriedene Kundschaft und Umsatzzahlen, die hätten wachsen müssen, es aber nicht taten. Für Sally bestand eine offensichtliche Konsequenz ihres unveränderten Führungsstils darin, daß sie nicht zur Marketingdirektorin befördert wurde – eine Position, die sie anstrebte und zu verdienen glaubte. Paradoxerweise erleichtern unübersehbare und schwerwiegende Konsequenzen wie diese die Entscheidungsfindung. Obwohl es höchst unangenehm ist, solche Signale zu empfangen, vereinfachen Worte oder Handlungen, die ausdrücken, daß „die Dinge nicht optimal laufen", die Aufgabe, Kosten, Nutzen und Konsequenzen gegenseitig abzuwägen.

Manifestieren sich allerdings die Hinweise, daß eine Verhaltenskorrektur klug sein könnte, lediglich in flüchtigen Gedanken Ihrerseits, in Anspielungen von Kollegen oder einem leicht schleppenden Aufstieg in der Firmenhierarchie, so sind die Konsequenzen weniger offensichtlich. Vielleicht befinden Sie sich momentan in einer relativ stabilen Situation – voll eingespannt, aber ohne latente berufliche Probleme –, und die Konsequenzen, sich mit weniger als einer theoretischen Idealzukunft abzufinden, scheinen vage. Trotzdem könnte eine freimütige, kritische Betrachtung, welche Konsequenzen ein nicht verändertes Verhalten verglichen mit den Vorteilen einer Weiterentwicklung hat, Sie vor reumütigen Klagen zu einem späteren Zeitpunkt Ihrer Karriere bewahren.

Es ist mir gelungen, mit einigen Klienten, die sich gegen eine Weiterentwicklung – etwa weil die Richtung nicht stimmte oder die Zeit noch nicht reif war – entschieden hatten, in Kontakt zu bleiben. Ein sympathischer Verkäufer namens Mark fällt mir ein, der sich trotz wiederholtem Drängen geweigert hatte, an Verkaufsschulungen teilzunehmen, die seine Karriere vorangetrieben hätten, und der später seine wahre Berufung als Lehrer fand. Bei Rita, die Assistentin der Finanzleitung war, ging es um das richtige Timing. Sie lehnte ein entsprechendes Angebot ihrer Firma ab, nur um mich vier Jahre später auf eigene Kosten selbst zu engagieren.

Daneben existieren zahlreiche Beispiele von Leuten, die sich gegen eine Weiterentwicklung entschieden und diesen Entschluß im nachhinein bereut haben. Der Fall Jill Barlow ist besonders interessant, weil Jill sich zwar zu einem, nicht aber zu einem anderen Zeitpunkt ihrer Karriere veränderungswillig gezeigt hatte, obwohl der Nutzen beide Male ähnlich gewesen wäre.

Jills Hauptverdienst stammte aus ihrer Tätigkeit als Marketingberaterin, in der sie Leitern der Marketingabteilungen bei der Gestaltung einzelner Kampagnen war und später den

Geschäftsführern beim Entwurf einer Gesamtfirmenstrategie half. Ein wachsendes Zweiteinkommen verdiente sie sich mit einer Vortragsreihe, bei der ich sie traf.

Als wir, nachdem wir beide vor einem heiklen Publikum gesprochen hatten, gemeinsam bei einem Cocktail entspannten, gestand sie, daß die Beurteilung ihrer Präsentationsfähigkeiten durch das Publikum sie in ihren Anfängen als Referentin regelrecht niedergeschmettert habe: Man hatte ihr zur Last gelegt, sie würde ihre Hände ringen, monoton sprechen und sich wie ein Roboter bewegen.

Nachdem sie sich eine Weile in ihr Schneckenhaus zurückgezogen hatte, belegte sie ein Rhetorikseminar und bat einige Kollegen, sie zu beraten und ihr Tips zu geben. Danach kam ihre Karriere als Referentin richtig in Schwung. Sechs Jahre lang war sie sehr gefragt, gab Seminare und leitete Workshops bei mehreren Fachkonferenzen.

Doch seit neuestem, erzählte sie weiter, ließen einige Kollegen und auch ihre Auftraggeber häufig versteckte Bemerkungen fallen. „Haben Sie schon einmal daran gedacht, humorvoller zu sein?", fragten ihre Klienten. „Wie wäre es, wenn Sie der National Speaker's Association beitreten würden? Eine prima Gelegenheit, vor versiertem Publikum zu sprechen und gleich beurteilt zu werden", schlug einer ihrer Kollegen vor.

Das habe sie ihm sehr übel genommen, meinte sie, und fuhr dann fort, daß sie diese Art von Training nicht nur nicht nötig habe („Wieso, letzte Woche bekam ich jubelnden Beifall!"), sondern ihr die Mitglieder der Speaker's Association außerdem zu seicht seien und sie ohnehin viel zuviel zu tun habe. Erst gegen Ende unserer Unterhaltung senkte sie ihr Schutzschild etwas – kann sein, daß die zwanglose Atmosphäre und der Alkohol dazu beitrugen –, und fragte mich mit einem wehleidigen Unterton in der Stimme, wie sie wohl an eine Einladung herankäme, vor dem renommierten „Direktorenforum" zu sprechen.

Einige Monate später sprach ich mit Walter, jenem Kollegen, dessen Vorschlag sie übelgenommen hatte. Er hatte es aufgegeben, Jill helfen zu wollen. „Ich habe ein wirklich schlechtes Gefühl dabei, Bob", sagte er. „Ich habe sie einige Male als Referentin bei Top-Konferenzen, die richtig Kohle bringen, vorgeschlagen, wenn ich keine Zeit hatte, und jedesmal enttäuschte sie die Sponsoren. Weißt du, wenn alles gut läuft und das Publikum heiß auf ihr Thema ist, kommt sie gut rüber, aber das passiert nunmal nicht allzuoft. Um in diesem Business ganz oben mitzumischen, mußt du auch dann gut rüberkommen, wenn deine Karten am Anfang schlecht sind. Das Traurige dabei ist, daß ich mir ganz sicher bin, wenn sie etwas an ihrer Stimme feilen und Intensivkurse belegen würde, könnte sie die absolute Nummer eins werden. Aber so sehr ich sie auch mag, von mir wird sie keine Empfehlung mehr bekommen."

Die nächste Chance für ein eingehendes Gespräch mit Jill ergab sich erst Jahre später, kurz vor ihrem Abschied vom Rednerpult. Sie schien zufrieden, sich einen Namen als Expertin auf ihrem Gebiet gemacht und vielen Klienten geholfen zu haben, besser in ihrem Beruf zu sein. Trotzdem hatte sie offenbar noch immer daran zu knabbern, es nicht in die Top-Liga der Motivationsreferenten geschafft zu haben. Erinnerte sie sich an ihre Entscheidung, auf eine nochmalige Weiterbildung zu verzichten?

„Vielleicht hätte ich vor ein paar Jahren auf Walter hören sollen", wagte sie schließlich einen Vorstoß, „aber ich dachte, mit ein bißchen mehr Zeit und Einsatz könnte ich es am Ende selbst schaffen."

Mag sein, daß es das war, womöglich hatte ihr aber auch in Erinnerung an vergangene Erfahrungen vor beißender Kritik, arroganten Trainern und der Aufgabe gegraut, „humorvoller zu sein" als ihr im Blut lag. Sie hatte ihren eigenen Stil gefunden, und der war gut genug. Wer weiß, ob das Streben nach einem Maß an Perfektion, das sie möglicherweise ohnehin nie erreicht hätte, all diese Dinge wert gewesen wäre?

Selbstverständlich geht es nicht darum, ob Jill das Recht hatte, sich mit dem zufriedenzugeben, was sie schon erreicht hatte – ihr beruflicher Erfolg konnte sich sehen lassen, sie verdiente gut. Aber hätte sie sich wohl genauso entschieden, wenn sie das Ausmaß ihres späteren Bedauerns vorhergeahnt hätte? Jills Beispiel spricht für eine von den Psychologen Twersky und Kahneman entwickelte Methode, die sich beide eingehend mit der Analyse falscher Entscheidungen befaßt haben. Um wichtige Entscheidungen abzuwägen, so ihre Empfehlung, sollten Sie sich fragen: „Wenn ich mich so verhalte, wie meine Entscheidung es diktiert, wie werde ich mich jetzt und in Zukunft fühlen?" Das ist die ultimative Frage, die Sie vor Ihrer Entscheidung, ob Sie sich weiterentwickeln, Ihr Terrain behaupten oder die Sicherheit eines weniger anspruchsvollen Karriereziels vorziehen wollen, beantworten müssen.

Ist es wirklich nötig, daß ich mich ändere?

Nachfolgend finden Sie eine Aufzählung von Signalen, die auf eine Gefährdung Ihrer Karriere durch von Ihnen beeinflußbare Faktoren hindeuten. Betrachten Sie sie als Checkliste. Wenn Sie mit mehr als zwei dieser Warnsignale konfrontiert waren oder sind, verdient Ihr Verhalten ein genaueres Hinsehen.

- Hat es eine Änderung der Firmenphilosophie oder der Kriterien, nach denen Ihr Verhalten beurteilt wird, gegeben? Wurde beispielsweise eine Führungspersönlichkeit, die das Zusammengehörigkeitsgefühl unter den Beschäftigten förderte, durch einen Topmanager ersetzt, der vor allem an Umstrukturierungs- und Kostendämpfungsmaßnahmen interessiert ist? Dieser neue Hardliner hat wenig Nachsicht mit leistungsschwachen Arbeitern und noch weniger mit gutmütigen Abteilungsleitern (Sie?), die glauben, jeder verdiene eine Chance, sich zu bessern.
- Haben Sie Ihren Job gewechselt, etwa infolge einer Beförderung, um dann festzustellen, daß die Qualifikationen, auf denen der Wechsel basierte – und auf die Sie unter

Umständen besonders stolz sind –, nicht zu den Anforderungen des neuen Jobs passen?
- Sind Sie als Führungskraft in einer Branche tätig, die sich rasant verändert, schaffen es aber nicht, mit Ihrem Wissen auf dem laufenden zu bleiben?
- Hat Ihr neuer Chef Ihnen nicht präzise genug erklärt, welche Erwartungen er an Sie stellt, scheint aber enttäuscht von Ihrer Leistung, die zuvor den Ansprüchen genügte?
- Wurden Sie bei einer Beförderung übergangen, obwohl Sie fachlich für die Position qualifiziert waren? Dabei spielt es keine Rolle, ob man Ihnen vernünftige Gründe lieferte, warum die Wahl nicht auf Sie fiel. („Die Sache war sehr knapp, aber wir haben uns dann doch für George entschieden, weil er etwas mehr Erfahrung mit Überseekunden hat.") Oft werden auf niedrigerer Ebene tolerierte Verhaltensfehler auf höherer Ebene zu Beförderungshemmnissen, da hier alle Kandidaten das nötige fachliche Know-how mitbringen und andere Dimensionen wie Kreativität, interpersonelle Fähigkeiten und Verhandlungsgeschick den Ausschlag geben. Diese Möglichkeit sollten Sie besonders dann in Betracht ziehen, wenn Sie schon zweimal übergangen wurden und Sie oder andere das auf die Unternehmenspolitik schoben.
- Werden Aufgaben, mit denen Sie gerechnet haben, anderen zugeteilt, speziell wenn diese Aufgaben den Umgang mit Menschen erfordern?
- Passiert es häufig, daß wichtige Informationen an Ihnen vorbeilaufen und Sie auch sonst öfters übergangen werden? Erfahren Sie beispielsweise von wichtigen Ereignissen, auch solchen, die Ihre Arbeit betreffen, erst durch offizielle Mitteilungen oder bei allgemeinen Personalversammlungen?
- Erhalten Sie auf die Qualität Ihrer Leistung betreffende Fragen oft ausweichende oder vage Antworten? („Sie tun so ziemlich das, was wir von Ihnen erwarten.")
- Befinden sich in Ihren generell befriedigenden Beurteilungen regelmäßig Anmerkungen, Ihre Leistung sei in bestimmten Teilbereichen unterdurchschnittlich? (Über die-

se Teilbereiche hat man Sie womöglich nicht richtig aufgeklärt, oder Sie haben sie ignoriert, weil sie Ihre Tätigkeit nur am Rande tangieren, und überhaupt ist die Beurteilung Ihres Chefs wahrscheinlich ohnehin falsch.)
- Leidet Ihre Leistung unter zuviel Streß am Arbeitsplatz oder zu Hause? Vergessen Sie nicht, daß ein hoher Streßpegel Sie zwingt, Ihre Stärken exzessiv auszuspielen, und gleichzeitig Ihre Sensibilität mindert, Änderungen in Ihrem eigenen Verhalten oder in der Reaktion anderer zu bemerken.
- Machen Ihr Chef oder Ihre Kollegen häufig scherzhafte Kommentare über Ihr Verhalten oder Ihre Leistung? Solche Witzeleien gehören in manchen Betrieben zum guten Ton und sind unter Männern eine der wenigen Formen erlaubter Intimität. Schlüsselfragen sind: Bekommen die „Stars" im Team auch ihren Teil ab? Ähneln die im Spaß gemachten Äußerungen Kommentaren, die Sie früher schon einmal im ernsten Tonfall von Ihrem Chef oder Ihren Kollegen gehört haben?
- Finden Sie sich häufig in Situationen, in denen Sie negative Kommentare über Ihre Leistung mit Argumenten zu entkräften versuchen, indem Sie etwa Ihrem Chef ausführlich erklären, warum eine Kritik nicht gerechtfertigt war oder wieso Sie eine Aufgabe nicht lösen konnten?
- Haben Sie öfters das Gefühl, keinen Bezug zu den Zielen und Prioritäten Ihrer Firma zu haben, der einzige Weise, Kluge, Clevere unter lauter Narren zu sein?
- Machen Kollegen manchmal ernste, aber möglicherweise doppelzüngige Kommentare über Sie oder Ihre Arbeit? Etwa: „Mit dir macht die Zusammenarbeit wirklich Spaß. Du hast immer die richtigen Antworten auf Lager."

Wenn Sie beschlossen haben, daß Ihr Verhalten ein genaueres Hinsehen verdient, besteht Ihre erste Aufgabe darin, mehr Informationen zu bekommen, damit Sie am Ende nicht das falsche Problem auf die falsche Weise lösen. Kapitel 2 entwirft eine Schritt-für-Schritt-Strategie, die Ihnen hilft, präzise herauszufinden, was Sie ändern müssen.

2.
Die Aufgabe einschätzen und Ihre Ziele definieren

In Ordnung, Sie haben also die Möglichkeit akzeptiert, daß Sie unbewußt und in noch unbekanntem Ausmaß Ihr berufliches Vorankommen behindern. Der nächste Schritt besteht darin, so konkret wie möglich herauszufinden, was genau Sie tun, das in den Augen derer, die wichtig für Sie sind, Ihren Wert schmälert. Diese detektivische Arbeit erscheint weniger beängstigend, wenn Sie sie Schritt für Schritt erledigen, indem Sie sich folgende Aufgaben in dieser groben Reihenfolge vornehmen:

1. Rufen Sie sich ins Gedächtnis, wie andere in vergangenen Situationen auf Sie reagierten, und fahnden Sie nach Anhaltspunkten, die Sie damals übersehen oder sogar bewußt ignoriert haben.
2. Schärfen Sie Ihre Objektivität durch eine Beschäftigung mit wissenschaftlichen Erklärungen, warum es so einfach ist, falsch einzuschätzen, wie andere uns sehen.
3. Beobachten Sie sich eine Zeitlang in Aktion, ohne irgendwelche Änderungen vorzunehmen.
4. suchen Sie diejenigen Personen aus, bei denen Sie am ehesten damit rechnen können, mehr in Erfahrung zu bringen.
5. Unterhalten Sie sich mit ihnen.
6. Nutzen Sie die erhaltenen Informationen, um sich realisierbare Verhaltensziele zu stecken.

Nach Anhaltspunkten suchen

„Ich fasse einfach nicht, daß die Kollegen behaupten, ich würde niemals zuhören", erklärte Sally ungläubig. „Ich warte immer, bis sie mir ihre Seite der Geschichte erzählt haben, bevor ich auch nur ein Wort sage."

„Dann hat also noch nie jemand Ihnen gegenüber etwas in der Richtung erwähnt?", konterte ich.

Einen Moment lang herrschte Schweigen, während Sally zunächst auf mich und dann auf die gesammelten Kommentare ihrer Kollegen blickte, die ausgebreitet auf dem Schreibtisch vor ihr lagen.

„Nun ja", sagte sie endlich, „als ich diese Stelle bekam, die für mich ein ziemlicher Aufstieg war, machte mein alter Chef eine Andeutung, ich müsse besser kommunizieren lernen, aber ich dachte, er meinte damit meine Präsentationen, und belegte einen Rhetorikkurs. Warum sagt er, ich müsse besser kommunizieren, wenn er eigentlich sagen will, ich müsse" – sie hielt inne, nahm ein beschriebenes Blatt in die Hand und suchte nach einer passenden Aussage – „weniger rechthaberisch bei allem sein?"

Es folgte wieder eine lange Pause, in der Sally abwesend auf die Blätter vor sich starrte. „Ich frage mich, ob mein Mann dasselbe meint, wenn er behauptet, ich wäre starrsinnig."

„Erinnern Sie sich noch an etwas anderes, das in die gleiche Kerbe wie 'weniger rechthaberisch' oder 'nicht zuhören, was andere zu sagen haben' schlägt?", fragte ich. „Ist etwas in der Richtung jemals in Ihren Beurteilungen aufgetaucht?"

„Ich glaube nicht", antwortete sie. „Aber das werden wir gleich sehen." Sie öffnete eine Schublade, zog Kopien ihrer beiden letzten Beurteilungen heraus, legte eine vor sich hin und gab mir die andere. Und da stand es, auf der zweiten Seite, unter „Allgemeine Bemerkungen":

„Sie sind ein Gewinn für unsere Abteilung – intelligent und höchst professionell. Besonders schätze ich die Entschlossenheit, die Sie bei oft schwierigen, die Öffentlichkeit und hochrangige Politiker involvierenden Aufgaben gezeigt haben. Allerdings – und das sagte ich Ihnen bereits – ist mir aufgefallen, daß Sie manchmal sowohl Fakten als auch Meinungen, die andere für wichtig halten, ignorieren. Gelegentlich habe ich das sogar bemerkt, wenn wir beide eine Besprechung hatten. Dies könnte ein schwerwiegendes Problem sein, das Ihre Aufmerksamkeit verlangt."

Ich gab Sally die Kopie, worauf sie in der Beurteilung, die vor ihr lag, auf Seite zwei blätterte und die Stirn runzelte. Sorgfältig strich sie die Seite glatt und reichte sie mir zum Lesen. Der Absatz war identisch.

„Fällt Ihnen sonst noch etwas ein?" wollte ich wissen.

„Nun", sagte sie, „Während des Studiums hatte ich einen Riesenkrach mit meiner Mitbewohnerin. Sie nannte mich eine arrogante Besserwisserin und meinte, ich würde niemals Freunde haben. Natürlich hatte ich sie kurz vorher als dumme Pute bezeichnet, weil sie einen ganzen Stapel meiner Bibliotheksnotizen in den Müll geworfen hatte. Und überhaupt, bis zum Semesterende hatten wir uns wieder versöhnt. Wollen Sie etwa andeuten, ich hätte alle diese Dinge ernst nehmen sollen? Wissen Sie, wenn es meinen Chef kümmert, was er in seiner Beurteilung schreibt, würde er doch wohl etwas zu mir sagen? Alles, was ich von ihm höre, ist, wie kompetent ich bin und wie sehr er meine Produktivität schätzt. Andererseits ist der Grund, warum wir beide hier zusammensitzen, sein Rat, wenn ich weiter aufsteigen wolle, solle ich mit Ihnen an einer Verbesserung meiner interpersonellen Fähigkeiten arbeiten – was immer das heißen mag. Heißt das, ich muß jede negative Bemerkung, die jemand mir gegenüber losläßt, für bare Münze nehmen? Ich glaub' es einfach nicht."

Teilweise hatte Sally recht. Leute putzen andere oft mit abfälligen Bemerkungen herunter, weil sie selbst verletzt, ängstlich, unsicher oder einfach schlechter Laune sind. War Sallys „dumme Pute"-Vorwurf nicht eher ein Ausdruck ihrer Frustration darüber, wieder ein Wochenende in der Bibliothek sitzen und Notizen nachtragen zu müssen, als eine rationelle Bewertung der Intelligenz ihrer Mitbewohnerin? Und beruhen viele angeblich kritische Bemerkungen nicht auf Vorurteilen und der Selbstherrlichkeit des Kritisierenden?

Mit Sicherheit. Trotzdem: Die Unterstellungen anderer – egal, ob im Streit, unter Tränen, wutentbrannt, verfälscht oder versteckt dargebracht – enthalten fast immer ein Körnchen Wahrheit. Und sie können Ausgangspunkt und Fundament für einen äußerst wertvollen Lernprozeß sein: wie Sie Ihr wichtigstes Werkzeug – sich selbst – am effektivsten einsetzen. Um diese notwendige Art von negativem Feedback zu akzeptieren, ja anzuregen, und dabei einen klaren Kopf zu bewahren, müssen Sie sich bewußt werden, daß Sie möglicherweise keine Ahnung haben, wie andere Sie sehen und beurteilen. Es folgt eine Zusammenfassung dessen, was die Wissenschaft über die Mechanismen sagt, die uns daran hindern zu sehen, was wir dringend sehen sollten. Versuchen Sie, beim Lesen für sich selbst zu beurteilen, in welchem Maße diese normalen menschlichen Attribute Sie daran gehindert haben, die Reaktion anderer auf Sie richtig einzuschätzen.

Warum wir die Meinung anderer über uns falsch einschätzen

Die Frage, wie treffend wir die Meinung anderer über uns einschätzen, beschäftigt die Verhaltenspsychologie seit langem, so daß wir einige Antworten kennen auf das Rätsel, warum Menschen wie Sally blind sind für das, was sie am dringendsten sehen müßten. In der Tat gibt es triftige Gründe für die Unvermeidlichkeit solcher Fehleinschätzungen.

Kreative Wahrnehmung

Zum einen ist das menschliche Wahrnehmungs- und Erinnerungsvermögen kreativ. Seit jeher belegen Studien, daß unsere Gefühle, Wünsche und Interessen, die gemeinhin unter dem Begriff *Ego* zusammengefaßt werden, unsere Sichtweise der Welt wesentlich beeinflussen. Wir erfinden eher unsere eigene Geschichte, als aufzuzeichnen, was *wirklich* in der Welt passiert. Nachdem wir die Dinge auf unsere Weise wahrgenommen haben, strengen wir uns an, unsere verzerrte Perspektive mit Hilfe unserer Intelligenz plausibel zu machen. So ist leicht zu verstehen, warum auch kluge Menschen sich häufig aufs Glatteis begeben – nicht aus Mut, sondern aus Unwissenheit.

Das Urteil vieler schätzen wir richtig, das einzelner falsch ein

Vielleicht erklärt unsere flexible Wahrnehmung ein widersprüchliches Phänomen, das in Studien darüber, wie gut wir die Eindrücke anderer von uns einschätzen, immer wieder zutage tritt. Angenommen, wir bitten Ted, einen durchschnittlichen Büroangestellten, um eine Einschätzung, wie seine Bürokollegen ihn hinsichtlich einer Anzahl von Charaktereigenschaften bewerten. Und dann bitten wir jeden seiner Kollegen, ihn nach eben diesen Charaktermerkmalen zu bewerten. Danach nehmen wir jeweils den Durchschnitt von Teds eigener und den der Bewertung durch seine Kollegen. Vergleichen wir nun den *Durchschnitt* von Teds Vermutungen und den *Durchschnitt* der tatsächlichen Kollegenbewertungen, ist die Übereinstimmung so groß, daß wir ihm versichern, alles sei bestens, mit bösen Überraschungen brauche er nicht zu rechnen.

Dann aber – neugierig, wieso Ted immer wieder Leute vor den Kopf zu stoßen scheint, deren Meinung ihm am Herzen liegt – vergleichen wir seine Vermutungen, was jeder *einzelne* Kollege über ihn sagen würde, mit der tatsächlichen

Bewertung durch diese Person und entdecken die schockierende Wahrheit: Während er zwar manchmal den Nagel auf den Kopf traf, tippte er in anderen Fällen völlig daneben. Viele seiner Kollegen beurteilen ihn als kompetent, wenn auch bescheiden und unauffällig. Diese freundliche Verallgemeinerung wäre nicht weiter problematisch, wenn nicht gleichzeitig wahr – und Ted sich dessen nicht bewußt – wäre, daß zwar sein Assistent ihn als sehr professionell bewundert, sein Chef hingegen ihn für unkreativ, fad und schwerfällig hält. Letzteres wird Ted auch nie erfahren, denn er ist zuversichtlich, was seinen beruflichen Stand angeht, und mit gutem Grund: Hat er das Gesamturteil seines Teams nicht instinktiv richtig angenommen? Er hat also wenig Veranlassung, auf subtile Anhaltspunkte zu achten, die dem widersprechen.

Ted läßt sich außerdem von dem Wunsch irreleiten, sein Chef möge die gleiche positive Meinung haben, die er selbst – wenigstens an guten Tagen – von sich hat, und er wird die Zögerlichkeiten, stummen Momente und stupiden Aufgaben, die ihn mitunter zweifeln ließen, angestrengt ignorieren. Wenn die anstehende Beförderung zum zweiten Mal an einen offensichtlich kreativeren Kandidaten geht, ist die Wahrscheinlichkeit groß – wie wir gleich sehen werden –, daß Ted allzu menschlich reagiert und Unternehmenspolitik, Klüngel oder anderen Umständen, die nichts mit ihm zu tun haben, die Schuld zuschiebt.

Von innen sehen die Dinge anders aus als von außen

Noch größer wird die Verwirrung durch die Diskrepanz, daß Sie selbst dazu neigen, Ihr Verhalten als angemessene Reaktion auf die Ereignisse um Sie herum zu werten, während Ihre Mitmenschen hierin das Resultat dessen, *wer* Sie sind, sehen, es als „typisch" für Sie deuten. Beide Sichtweisen sind teilweise korrekt: Wie Sie sich in einer konkreten Situation verhalten, ist immer ein Kompromiß aus Ihrer Einschätzung der Situation und Ihrer Neigung, sich unabhängig von der Situation immer ähnlich zu verhalten (man nennt das „Persönlichkeit"). Der Knackpunkt dabei ist, daß Sie und Ihre Mitarbeiter sich meist auf unterschiedliche Seiten der Gleichung konzentrieren und das wiederum Probleme heraufbeschwört, speziell wenn bestimmte Dinge schieflaufen.

Als nächstes widmen wir uns einem Paradoxon – viele sprechen von der „schrecklichen Ironie des Menschseins" –, nämlich dem, daß unsere Schwächen oft nichts anderes sind als eine Übertreibung oder falsche Anwendung unserer Stärken.

Das Paradoxon von Stärke und Schwäche

Nehmen wir an, Ihr Chef hat Ihnen Flexibilitätsmangel und Sturheit vorgeworfen. Dem können Sie entgegenhalten, in keinster Weise stur, sondern vielmehr zäh, unbeirrbar und beharrlich zu sein. „Unbeweglich" und „unbeirrbar" sind zwei Seiten ein und derselben Medaille: der Fähigkeit, auch angesichts von Schwierigkeiten den eigenen Kurs zu verteidigen.

Daß zuviel des Guten Probleme schaffen kann, ist seit langem bekannt. Neuere Studien über Entscheidungsprozesse und interpersonelle Aspekte bieten überdies interessante Einblicke, wie und warum an sich vorteilhafte Eigenschaften immer wieder falsch und mit negativen Folgen eingesetzt werden. Beispiel Aggressivität – jene Eigenschaft, die man braucht, um stark und dynamisch, ein Draufgänger, ein Tatenmensch zu sein. Übertreibt man aber dieses wünschenswerte Attribut, wird aus „dynamisch" „dominanzversessen", Stärke wird zu Tyrannei, Entschlossenheit zu Arroganz und Starrköpfigkeit.

Zwischen „gerade genug" und „zuviel" liegt nur ein schmaler Grat – ein Grund mehr, weshalb Sie und andere das gleiche Verhalten unterschiedlich beurteilen mögen. Ich habe beispielsweise zweimal gesehen und gehört, wie Nancy, die nüchterne Produktionsleiterin aus Teil I, ihren

Untergebenen ohne Umschweife und ohne die von Experten geforderte Mischung aus Lob und Tadel mitteilte, Fehler, die sie gemacht hätten, seien die Folge unzulänglicher Planung. Kalt, ungeschminkt und ohne Mitgefühl geäußerte Worte, die die Adressaten dennoch gelassen, wenn auch eine Spur einfältig aufnahmen. (Einer sagte später zu mir: „Bei ihr weißt du wenigstens, woran du bist, und nachtragend ist sie auch nicht.") Später unterbrach sie unsere Sitzung, um einen Einkäufer zurückzurufen, der ihre Qualitätskriterien bei der Ersatzteilbestellung mißachtet hatte. Sie wiederholte Punkt für Punkt, was sie von ihm wollte, und beendete das Gespräch mit der Warnung: „Wenn das nochmal vorkommt, Fred, trete ich dir persönlich in den Hintern." Soviel ich weiß, beklagte sich Fred weder bei seinem noch bei ihrem Chef über ihre derbe Ausdrucksweise, und er änderte auch nie mehr eigenmächtig ihre Ersatzteilbestellung.

In beiden Fällen zeigte Nancy Härte und Aggressivität, doch gemessen an der Situation und den Beteiligten war keine der beiden Verhaltensweisen unpassend. Ihr Chef erzählte mir unterdessen, er habe zweimal mitangesehen, wie sie einen Nachwuchsingenieur, der eine technische Änderung angeregt hatte, vor der Gruppe lächerlich machte, und daß sie wiederholt blanken Sarkasmus als Werkzeug benutzte, um ihre Leute auf Zack zu halten. Offenkundig war sie beides: hart, aber gerecht, wie sie sich selbst sah; *und* die schroffe, sarkastische Tyrannin, für die ihr Chef und einige, aber nicht alle Untergebenen sie hielten.

Erschwerend kommt auch hinzu, wie wenig manche darüber nachdenken, daß die Kriterien ihrer Selbstbeurteilung womöglich völlig anders sind als die, nach denen ihr Chef und andere, für ihr berufliches Fortkommen wichtige Personen vorgehen. Für Nancy fielen ihre Produktionszahlen als Maßstab ihrer Leistung viel stärker ins Gewicht als verletzte Gefühle oder gelegentliche Beschwerden. Es stimmte zwar, daß ihre Vorgesetzten mit ihrer Produktionsquote mächtig zufrieden waren, aber mit ihrer Annahme, sie würden interpersonelle Fähigkeiten als sekundär einstufen – speziell bei einer Anwärterin für eine Beförderung auf die nächste Managementebene –, lag sie gründlich daneben. Kein Wunder, daß sie ratlos und verwirrt reagierte, als die erhoffte Beförderung ausblieb.

Es gibt also eine Anzahl vernünftiger und stichhaltiger Gründe, warum Sie und Ihr Chef oder Ihre Kollegen ganz unterschiedliche Eindrücke von Ihrer Person haben, obwohl Ihr Verhalten das gleiche ist. Doch noch immer hängt die Frage in der Schwebe, wieso Sie die offenen oder versteckten, verbalen oder nonverbalen Warnsignale, daß man mit wichtigen Aspekten Ihrer Leistung unzufrieden war, nicht erkannten. Als Erklärung bieten sich mehrere allzu menschliche Motive an: Wie die meisten von uns, hören Sie nicht gerne schlechte Neuigkeiten; als intelligenter Mensch verfügen Sie über ein Arsenal gewiefter Techniken, um jenen bei Empfang *keine* große Beachtung zu schenken; und meistens gibt es „hilfsbereite" Kollegen, die Ihr Manöver bereitwillig unterstützen.

Komm' mir bloß nicht mit Fakten!

Wir alle haben ein Idealbild von uns selbst – wie wir gerne wären oder doch glauben, sein zu sollen. Klar erleidet dieses Image immer wieder Kratzer – beim Seitenblick in den Spiegel oder durch Leistungen, die weiß Gott nicht ideal sind –, doch obwohl es ständig durch innere und äußere Widersprüche bombardiert wird, bleibt Ihr ideales Selbst unerschütterlich, damit Sie Ihre teilweise unrealistischen Ansprüche an sich selbst erfüllen können. Und dafür bedient es sich einer exzellenten Waffe: Es macht Sie ängstlich. Sobald Gedanken, Gefühle oder Ihr Verhalten Ihnen sagen, daß die Dinge nicht laufen, wie sie sollten, zwickt Ihr Zwerchfell, Ihr Kopf dröhnt, Ihr Kreuz schmerzt, oder eine unheilvolle Vorahnung plagt Sie.

Natürlich funktioniert das nicht immer. Statt Ihr unbotmäßiges Verhalten zu bestrafen, damit es nicht wieder auftritt, untermauern die gezielten Angstspritzen eine Lektion, die die meisten von uns nur zu gut kennen: Schenken wir den Hinweisen auf unser nicht ideales Verhalten zuviel Beachtung, bezahlen wir das mit Schmerzen oder wenigstens einem mulmigen Gefühl in der Magengegend.

Daher wundert es nicht, daß der Intellekt zwei Verteidigungstaktiken ersonnen hat, wie Sie sich gegen die Strenge Ihres Ideals zur Wehr setzen können – besser gesagt, eine Taktik mit zwei Gesichtern: Leugnung und Schuldzuweisung. Diese Verteidigungstricks funktionieren, indem sie entweder Indizien, daß Sie Ihren Ansprüchen nicht genügen, in Zweifel ziehen, oder, wie bereits gesehen, andere Gründe oder Personen für Ihre Taten verantwortlich machen.

Die Leugnung von Fakten kann entweder geradeheraus oder mit Hilfe von Beschönigungen erfolgen. Die Leugnungen, die ich von intelligenten und erfolgreichen Menschen hörte, reichten von „Nein, das tue ich nicht" bis hin zu ausschweifenden Erklärungen wie: „Ja, ich bin sarkastisch, wenn jemand einen Fehler macht, weil er ihn dann so schnell nicht vergißt – außerdem hält man die Leute so auf Zack." Das besondere Geheimnis dieser äußerst rationellen Form der Leugnung: Indem Sie abstreiten, daß „Ihr Sarkasmus Ihre Angestellten verletzt", schützen Sie sich gleichzeitig vor der Folgebehauptung „Deshalb beichten Sie Ihnen keine Fehler."

Die Schuld für auftauchende Probleme anderen zu geben, rührt vermutlich von der unschuldigen, weil natürlichen Neigung her, Ihr Verhalten in problematischen Situationen von innen anders zu sehen als andere von außen. Zwar lösen solche Schuldzuweisungen das Feedbackproblem auf elegante Weise, führen aber leider dazu, daß Sie die Meinung, die andere von Ihnen haben, zu rosig einschätzen. Stellen Sie sich vor, Sie, Ihr Chef und Ihre Mitarbeiter grübeln über eine Panne nach, die kürzlich in Ihrem Unternehmensbereich passierte. Die anderen sind geneigt, den Vorfall, sagen wir, auf Ihre Unbeweglichkeit zurückzuführen (oder die Kehrseite einer anderen Charaktereigenschaft, die bei Ihnen stark ausgeprägt ist). Für Sie ist es jedoch ebenso klar, daß Sie keineswegs unbeweglich waren, sondern nur in einer aus den Fugen geratenen Situation an Ihrem Kurs festhielten. Wenn man Ihnen überhaupt etwas ankreiden kann, so räumen Sie ein, dann eine falsche Beurteilung der Lage – und das ist immerhin ein verzeihlicher Fehler, keine Charakterschwäche, der bald vergessen sein wird. Wenn Sie und Ihre Mitarbeiter im nachhinein über die Panne diskutieren, deuten jene an oder werfen Ihnen vor, Ihr Mangel an Flexibilität habe das Problem verursacht, während Sie ihnen geduldig erklären, daß sie aufgrund ihrer intellektuellen Grenzen die Zusammenhänge einfach nicht vollständig begreifen. Ihre Mitarbeiter beschweren sich daraufhin über Ihre Defensivität – meistens, wenn Sie nicht in der Nähe sind.

Fairerweise muß erwähnt werden, daß diese Tendenz, anderen oder einer bestimmten Situation die Schuld zu geben, zu einem begrüßenswerten Resultat führen kann – freilich auf Kosten eines klaren Bildes, wie die anderen, deren Urteil Ihnen wichtig ist, Sie wirklich sehen. Der Psychologe Martin Seligman wies darauf hin, daß Menschen, die die Verantwortung für Rückschläge bei äußeren Umständen suchen, sich nach einem solchen Schlag schneller wieder zusammenraufen und optimistisch in die Lebensarena zurückkehren. Seine Studien zeigen: Wer mit dieser übertriebenen Zuversicht auf Rückschläge reagiert, hat mehr Erfolg im Leben – einfach weil er nicht aufgibt – als andere, die die Schuld für Niederlagen grundsätzlich bei sich selbst suchen. Sich mit „Der Verkauf ging mir durch die Lappen, weil der Kunde so stur war; nächstes Mal habe ich mehr Glück" zu trösten, läßt Sie zwar nicht aus Ihren Fehlern lernen, spendet aber Zuversicht. Und da Glück einen wichtigen Faktor in allen menschlichen Beziehungen darstellt, ist Ihr nächster Kunde vielleicht so kauflustig, daß Ihre falsche Argumentation keine Rolle mehr spielt.

Seligmans Erkenntnisse stehen in klarem Widerspruch zu der These von Forschern wie Charles Garfield, die sich mit der Anatomie von Erfolgstypen befaßt haben. Garfield fand heraus, daß diese Top-Performer höchst empfänglich für Feedback, speziell negatives Feedback, sind und es als notwendig für persönliches Lernen und Wachsen betrachten. Er behauptet – andere Experten und meine eigene Arbeit als

Berater von Führungskräften bestätigen seine These –, das Hauptmerkmal der beruflichen Überflieger seien die Tiefe und Qualität ihres Selbstbewußtseins (oder des Glaubens an ihre Effektivität). Mit anderen Worten: Je mehr Sie sich als im Grunde soliden Charakter betrachten, der sich nur ein paar problematische, aber änderbare Marotten zugelegt hat, um so weniger müssen Sie unangenehme Fakten beiseitewischen oder sich für einen Versager halten.

Die praktische Botschaft hinter dieser Theorie lautet: Es ist vielleicht schwieriger als Ihnen lieb ist, mehr über die Wirkung Ihres Verhaltens auf andere zu erfahren, aber es ist machbar. Und da Ihr ideales Selbst eine Person einschließt, die stets dazulernt und deren Verhalten effektiver wird, können Sie die Verteidigungstaktiken, die Ihr Intellekt ersonnen hat, um Sie unwissend, aber glücklich zu halten, früher oder später hinter sich lassen.

Sich selbst objektiver betrachten

Ihr erster Schritt besteht darin, in Ihrer Vergangenheit nach bestimmten Anhaltspunkten und Parallelen zu suchen.

Anhaltspunkte und Parallelen in der Vergangenheit suchen

Persönliche Schwachstellen ausfindig zu machen ist immer unangenehm; deshalb fangen Sie am besten gleich mit der verdrießlichsten Aufgabe an: Rufen Sie sich kritische Beurteilungen, höhnische, beißende, hinterhältige Bemerkungen, mürrische Chefs, Kollegen oder Untergebene ins Gedächtnis. Dabei sollten Sie diese geballte Ladung Tadel nicht für bare Münze nehmen. Streichen Sie 80 Prozent der Kritik weg, weil sie auf Wut, Neid oder einen verstimmten Magen zurückzuführen war. Was übrigbleibt, durchforsten Sie nach

Parallelen – gleiche oder ähnliche Kommentare, die Sie seinerzeit in der vollen Blüte Ihres Selbstbewußtseins weggefegt, ignoriert oder mit Erklärungen entkräftet haben. Das Resultat ist eine kurze Liste mit Verhaltensweisen, die Ihnen vermutlich mehr Probleme bereiten, als Sie bisher annahmen. Sallys Liste begann wie folgt:

- In den beiden Beurteilungen stand, daß ich den Ideen oder Einwänden anderer keine Aufmerksamkeit schenke.
- Meiner Meinung nach gebe ich meinen Mitarbeitern viel Zeit zum Reden, aber zwei sagten – einer im Spaß, der zweite wütend und in vollem Ernst –, sie glaubten nicht, daß ich ihnen zuhöre.
- Mein Mann hat mich schon öfter beschuldigt, absolut stur zu sein, sobald mein Standpunkt feststeht. Dem waren zwar immer Auseinandersetzungen, bei denen ich Oberwasser behielt, vorausgegangen, aber vielleicht...

Zu diesem Zeitpunkt liegt Ihnen womöglich die Bemerkung „Moment mal, wenn ich alle diese Dinge wußte, wieso habe ich nichts unternommen?" auf der Zunge. Die Antwort ist, daß Sie nicht wirklich etwas *wußten*. Sie hatten bloß eine Menge verworrender Anschuldigungen und undurchsichtiger Äußerungen gehört und darauf mit der gebührenden Verachtung, Schuldzuweisung und Leugnung reagiert. Der Unterschied besteht darin, daß Sie heute solchen Informationen, die früher nur Hintergrundmusik für Sie waren, um so mehr Aufmerksamkeit schenken – wie ein Detektiv, der vorher übersehenes Beweismaterial erneut prüft und dabei genau auf Details und Übereinstimmungen achtet. Denken Sie daran: Auch eine übertrieben, unangemessen oder ungeschickt angewendete Stärke erzeugt ein Gefühl von Befriedigung und Kompetenz, und daher sind es oft jene charakterlichen Attribute, auf die Sie sehr stolz sind, die Ihnen letztlich schaden.

Nachdem Sie Ihre nüchterne Selbstbeurteilung abgeschlossen und dabei ein paar verborgene Möglichkeiten entdeckt haben, sind Sie nun bereit für den nächsten Schritt, der darin besteht, sich selbst eine Zeitlang gezielt in Aktion zu beobachten.

Sich selbst in Aktion beobachten

Einige Menschen neigen stärker zur Selbstreflexion als andere, indem sie viel Zeit damit verbringen, über ihr eigenes Verhalten nachzudenken. Falls Sie zu dieser Gruppe gehören, ist diese Aufgabe für Sie nur eine natürliche Erweiterung dessen, was Sie ohnehin tun.

Mehr nach außen gewandte Menschen sind hingegen meist so sehr mit dem beschäftigt, was um sie herum vorgeht, daß sie kaum Geduld oder Gelegenheit haben, sich mit bereits Geschehenem auseinanderzusetzen. Extrovertierten erscheint das als Zeitverschwendung, wo es doch soviel Wichtigeres zu tun gibt. Bei der Suche nach Verhaltensfehlern kann es trotzdem hilfreich sein, ein oder zwei Wochen gezielt zu beobachten, was Sie tun und wie Sie es tun – hilfreich in zweierlei Hinsicht.

Erstens hilft es Ihnen, die letzten Reste der Leugnungstaktik hinter sich zu lassen, die Ihr Ego angehäuft hat. Ohne ihr besserwisserisches Selbst in Aktion zu erleben, hätte Sally sich wohl nie für eine Änderung ihres Verhaltens entschieden. Trotz unmißverständlicher Kommentare in zwei aufeinanderfolgenden Beurteilungen, des Ultimatums von ihrem Chef, der Bestätigung durch meine Gespräche mit ihren Mitarbeitern und der „Na ja, irgendwie schon…"-Antwort ihres Mannes auf ihr „Bin ich wirklich...?" zweifelte Sally noch immer daran, daß es *ernste* Probleme zwischen ihr und ihrem Team gab. Erst als sie sich ertappte, wie sie einem bewährten Mitarbeiter unwirsch über den Mund fuhr, bevor dieser zu Ende geredet hatte, war sie endlich in der Lage, ihr Verhalten zu erkennen und eine Abhilfestrategie zu entwickeln.

Zweitens: Wenn Sie ein paar Situationen erleben, in denen Ihre vermuteteten großen oder kleinen Verhaltensmängel von Ihrem Chef, Kollegen oder Freunden beobachtet werden, können diese Vorfälle in späteren Gesprächen mit den Zeugen eine wertvolle Feedbackbasis bilden.

In dieser Woche der Selbstbeobachtung sollten Sie sich als Verhaltensforscher betrachten, der das interessanteste aller Subjekte – Sie selbst – genau unter die Lupe nimmt. Achten Sie auf den Klang Ihrer Stimme in Konferenzen, in Einzelgesprächen oder auf einem anderen Parkett, auf dem Sie Ihrer Selbstbeurteilung zufolge gerne ausrutschen. Stimmt es, daß Sie *immer* als erster eine Antwort auf gestellte Fragen haben? Merken Sie, daß Sie, nachdem Sie Ihren Teamgeist gepriesen haben, eine geschäftige Miene aufsetzen, sobald ein überlastetetes Teammitglied stumm um Ihre Hilfe bittet? Zählen Sie ruhig einmal mit, wie oft Ihre Stimme von oben herab klingt oder Sie sich sonstwie unangemessen verhalten. Dabei spielt es keine Rolle, ob die Zielscheiben Ihres Verhaltens bekamen, was sie verdienten, denn das ist nicht der Punkt. Der Punkt ist, daß Sie präzise herausfinden wollen, wie und wann Ihr Verhalten unbeabsichtigte Wirkungen zeigt und Sie Ihrer Effektivität beraubt.

Nachdem Sie sich davon überzeugt haben, daß Sie tiefer graben müssen, bemühen Sie sich im nächsten Schritt darum, herauszufinden, welche Ihrer Mitarbeiter als Quellen für ein genaues Feedback in Frage kommen.

Kandidaten für ein Feedback auswählen

In der Praxis werden Ihre Quellen für ein offenes, klares Feedback vermutlich begrenzt sein. Erstens sollten die Kandidaten Sie oft genug in Aktion erlebt haben. Zweitens müssen sie bereit sein, mit Ihnen zu reden. Drittens müssen Sie bereit sein, sie zu fragen.

Und viertens ist es oftmals schwierig, die Art von Feedback zu bekommen, die man benötigt, selbst von denen, die dafür zuständig sind – Ihren Vorgesetzten.

Wann immer ich Führungskräfte zur Leistung ihrer Manager und Abteilungsleiter befragte, war das – an zweiter Stelle, hinter mangelnden interpersonellen Fähigkeiten – am häufigsten zitierte Problem ihr Unvermögen, bei schwachen Leistungen korrigierend einzugreifen. Ich war nicht überrascht, als die meisten dieser Manager auf mein Nachhaken hin ihren Unwillen eingestanden, anderen direktes Feedback zu geben, selbst wenn sie zugaben, dafür seien sie eigentlich zuständig. Um den Konflikt zwischen Pflichterfüllung und Unwillen zur Konfrontation zu umgehen, machten sie häufig Anspielungen, daß eine Veränderung nötig wäre, oder verpackten ihre Botschaft so vage, daß die Empfänger nicht sicher waren, was sie gemeint hatten.

Nancy beispielsweise wurde mehrmals geraten, mit ihren Untergebenen besser zu kommunizieren. Das stimmte zwar, war aber kein adäquater Ersatz für die Bemerkung „Ihre sarkastische, demütigende Haltung gegenüber Ihren Untergebenen führt zu solchen Reaktionen, und wenn Sie Ihr Verhalten nicht ändern, werden Sie nicht befördert."

Rund 20 Prozent der von mir studierten Fälle hatten dagegen keinerlei Probleme, ein direktes, freimütiges Feedback abzugeben. Dieses fiel dann aber so hart und plump aus – vorwurfsvoll, herablassend, erpresserisch –, daß die Empfänger nur die Verdrehung der Fakten hörten oder so traumatisiert waren, daß sie gar nichts mitbekamen. Das bedeutet nicht, daß Ihr Chef keine hervorragende Feedbackquelle sein *kann*, sondern nur, daß viele eine sorgfältigere Vorbereitung erfordern. Mehr dazu später. Hier einige mögliche Informationsquellen:

- Gleichrangige Kollegen, vor allem solche, mit denen Sie wenigstens hin und wieder zusammenarbeiten, sind mögliche Kandidaten. Obwohl Sie sie anfangs vielleicht nur zögernd in Betracht ziehen – aus Angst, unsicher zu wirken, oder weil es sich um potentielle Konkurrenten um rare Beförderungen handelt –, finden Sie womöglich doch den einen oder anderen, an den Sie bei passender Gelegenheit (etwa bei einem Treffen außerhalb der Firma) herantreten können. Hauptkriterium für Ihre erste Offensive sollte die Häufigkeit sein, wie oft Ihr Ansprechpartner Sie in relevanten Situationen beobachtet hat.

- Ihre Untergebenen können Ihnen sehr viele Informationen liefern, was sie aber *nur* tun werden, sofern sie sich sicher und unterstützt fühlen. Der Schlüssel, um sie für ein konstruktives Feedback zu gewinnen, ist ihr Glaube, daß Sie auch wirklich bereit sind, ihre *Sichtweise* als legitim und gültig anzuerkennen. Anders ausgedrückt: Die Tatsache, daß sie Sie beispielsweise für unentschlossen und schwatzhaft halten, müssen Sie akzeptieren, auch wenn Sie selbst überzeugt sind, nichts von beidem zu sein. Ermuntern Sie sie zu einer faktenbasierten Berichterstattung, in der sie Sie weder von Schuld freisprechen – weil sie Sie mögen, egal wie schwierig Sie sind – noch ihrer Frustration mit extremen, zornigen Anschuldigungen Ausdruck verleihen.
- Firmeninterne oder externe Berater – Personalberater, Organisationsentwicklungsberater oder Unternehmensberater etwa – haben zwar selten die Gelegenheit, Sie permanent zu beobachten, können dabei aber objektiver sein und Sie besser unterstützen, weil sie weniger von Ihrem Wohlwollen abhängig sind. Außerdem können sie Auskünfte über Sie einholen, indem sie mit Vorgesetzten, Kollegen, Untergebenen, ja sogar Klienten oder Kunden sprechen, denen sie Vertraulichkeit – und Ihnen eine Zusammenfassung aller relevanten Daten – zusichern.
- Wenn Sie mit einem firmeninternen Berater arbeiten (oder der externe Berater von Ihrem Chef engagiert wurde), prüfen Sie, ob die vertrauliche Behandlung der Gesprächsdaten durch den Berater irgendwie in Zweifel steht. Personalbetreuer etwa fühlen sich manchmal doppelt verpflichtet: zum einen, den Ratsuchenden zu helfen, *und* zum anderen, die Geschäftsführung informiert zu halten. Fragt man sie gezielt, geben die meisten das nach meiner Erfahrung auch offen zu.
- Zwar werden Ihre Vorgesetzten dafür bezahlt, Sie mit Feedack – positiv oder negativ – zu beliefern, so daß Sie sie natürlich darum bitten können – trotzdem gibt es Einschränkungen. Manche glauben, mit dem Erwähnen von ein paar Problemen in Ihrer Beurteilung bzw. „einigen

Punkten, über die Sie nachdenken sollten" im Vorbeigehen ihre Schuldigkeit getan zu haben – beidem haben Sie damals kaum Beachtung geschenkt, weil es Ihnen nicht nötig erschien. Manche Chefs haben wenig Gelegenheit, Sie bei Ausführung Ihrer täglichen Aufgaben zu beobachten, so daß ihr Feedback auf Berichten anderer basiert, kombiniert mit eigenen, aus Ihrer Version der Geschehnisse gezogenen Schlußfolgerungen.

- Wenn alles übrige stimmt, verdienen Mitarbeiter, die gleichzeitig Ihre Freunde sind, den ersten Platz auf Ihrer Liste der möglichen Feedbackquellen. Ihre Gespräche sind in eine längere Beziehung eingebettet, die durch gegenseitiges Vertrauen gekennzeichnet ist. Erinnern Sie sich an vergangene Situationen, in denen Ihre Freunde versuchten, ehrlich und direkt mit Ihnen zu reden. Versuchten sie, Ihnen schonend ein paar unangenehme Wahrheiten beizubringen, vielleicht zu schonend und mit milderndem Lächeln? Wenn Sie in etwa wissen, was damals gemeint war, können Sie das Gespräch in die richtige Richtung lenken.
- Viele Freunde müssen Sie ausdrücklich bitten, schonungslos ehrlich mit Ihnen zu sein. Weil sie Sie mögen, ist es ihr dringlichstes Anliegen, Sie zu beruhigen – und genau das nutzt Ihnen nichts, weil es Ihre geheime Hoffnung nährt, negative Aussagen über Sie seien lediglich das Resultat falscher Eindrücke oder unglücklicher Umstände. Indem Sie sich stets darin erinnern, daß diese verführerischen Komplotte in einer Falle münden, fällt es Ihnen leichter, auf die notwendige Objektivität zu pochen.

Nicht nur Ihre Freunde mögen sich anfangs scheuen, Ihr Verhalten offen und ungeschminkt zu diskutieren, auch Ihre Mitarbeiter und Vorgesetzten zeigen sich alles andere als mitteilsam. Und das hat zahlreiche Gründe:

- Ihre Freunde glauben, daß Sie sich der problematischen Aspekte Ihres Verhaltens bereits bewußt sind, aber diese nicht ändern können, da sie Teil Ihrer Persönlichkeit sind.

- Ihre Freunde denken, Sie seien absichtlich schwierig, um sich Vorteile zu verschaffen. Beispielsweise meinen sie, Sie würden Leute anschreien, um ihren Widerstand zu brechen. Egal ob sie, was ihre Motive angeht, Recht haben – den Schaden, den sie damit ungewollt Ihrer Karriere zufügen, haben sie mit Sicherheit nicht eingeplant.
- Ihre Freunde denken, Sie sollten sich Ihr Feedback selbst bilden, in der Meinung, sie selbst täten das schließlich auch. In Gedanken sagen sie sich: „Ich brauche niemanden, der mir sagt, wie ich mich verhalte; ich weiß genau, was ich tue." Und das glauben sie dann auch.
- Ihre Freunde finden, jeder Mensch habe ein Recht, sich so zu verhalten, wie er es für richtig hält. Und da Sie sich nun einmal für Ihr zweifelhaftes Verhalten entschieden haben, was für ein Recht hätten sie, eine Änderung von Ihnen zu verlangen?
- Ihre Freunde sind sich der negativen Aspekte Ihres Verhaltens zwar bewußt, aber weil sie vielleicht eine Spur zuviel Mitgefühl für andere hegen, widerstrebt es ihnen, etwas zu sagen, was Sie deprimieren, enttäuschen oder auf andere Weise mißstimmen könnte.
- Ihre Freunde haben Angst, wenn sie Sie auf Ihre Schwächen aufmerksam machen, mögen Sie sie vielleicht nicht mehr; und sie haben ein starkes Bedürfnis, von ihren Mitmenschen akzeptiert und gemocht zu werden.
- Ihre Freunde wissen nicht, was sie sagen sollen, weil sie sich über Details Ihres Problemverhaltens keine Gedanken gemacht haben, obwohl sie emotional darauf reagieren, vor allem, wenn es sich gegen sie richtet. Beispielsweise ärgern sie sich oft über Ihre anmaßende Art, haben aber nicht darüber nachgedacht, was wirklich Ihren Ärger hervorruft.
- Ihre Freunde haben Ihnen bereits Arroganz vorgeworfen oder sich über Ihre Neigung, Entscheidungen endlos aufzuschieben, beschwert, und sie verwechseln Vorwürfe und Beschwerden mit nützlichem Feedback. Nachdem sie Ihnen einmal ihre Meinung gesagt haben, sehen sie keinen Grund, sich zu wiederholen.

- Ihre Freunde haben, während Sie in Hörweite waren, Anspielungen oder ironische Bemerkungen über Ihr Verhalten gemacht und sind sicher, daß Sie diese mitbekommen haben. Beispielsweise hat Ihre Chefin im Vorbeigehen zu Ihnen gesagt: „Ich finde es gut, wenn jemand sein Team intensiv befragt, bevor er ein Verfahren ändert." Was sie wirklich meinte, war: „Sie tun, als sei Ihre Methode immer die einzig richtige, und ich höre Beschwerden von Ihrem Team, Sie würden anderen Ideen grundsätzlich kein Gehör schenken." Da sie Ihnen das einmal zu verstehen gab, fürchtet sie, eine Wiederholung würde ihr den Vorwurf des Nörgelns einbringen.
- Ihre Freunde möchten sich lieber aus allem raushalten.

Zwar mag diese Aufzählung von Faktoren, die einem offenen Feedback im Wege stehen, anfangs entmutigend scheinen – und es empfiehlt sich auf alle Fälle, primär auf die Kandidaten mit den wenigsten Einschränkungen zu setzen –, in der Regel ist es jedoch möglich, aus jedem, der sich auf ein Gespräch einläßt, ein paar nützliche Informationen herauszubekommen. Damit Ihnen das gelingt, müssen Sie sich mental vorbereiten und einen Plan entwickeln, wie Sie Ihr Gespräch aufbauen wollen.

Das Gespräch mit Ihren Informanten

Bevor Sie mit der Informationsbeschaffung beginnen, sollten Sie sich die Zeit nehmen und genau überlegen, wie Sie an Ihre Informanten herantreten wollen. Eine Mißachtung dieses Schritts kann zu unnötiger Frustration führen und Sie dazu verleiten, die Suche aufzugeben. Das war jedenfalls Nancys Erfahrung.

Den Gesprächsverlauf vorausplanen

Nancy beschreibt ihren ersten Versuch, zu erfahren, was genau andere an ihrer nüchternen Art schroff fanden. Sie sprach mit ihrem alten Bekannten Bob, dem Leiter des Meßgerätebereichs ihrer Abteilung, mit dem sie ihre Pausen verbrachte. Ort der Handlung: ein Tisch in der Firmencafeteria.

NANCY: „Sie setzen mich unter Druck, weil ich meinen Leuten gegenüber angeblich zu hart bin. Du hast mich in Aktion erlebt, Bob. Trete ich manchmal zu bestimmt auf?"
BOB (vorsichtig): „Hört sich an, als nähmst du dir die Sache ganz schön zu Herzen."
NANCY: „Man sollte meinen, die Produktionsziele im Zeit- und Budgetrahmen zu erreichen würde diese Jungs zufriedenstellen, aber sie meinen, ich kommuniziere nicht gut genug – was immer das heißt."
BOB (mit Nachdruck): „Die wollen bestimmt nicht, daß du die Produktion schleifen läßt. Vielleicht meinen sie, du solltest mehr mit deinem Team reden?"
NANCY (zweiter Vorstoß): „Nun, du warst bei vielen Treffen dabei. Siehst du irgend etwas Falsches an der Art, wie ich auftrete?"
BOB (langsam): „Du weißt immer, wovon du redest, Nancy. Manchmal verlierst du ein bißchen das Maß, aber bei den Pappnasen, mit denen du zu tun hast, wundert mich das nicht. Vielleicht hast du einfach Pech gehabt bei den Beförderungen. Wie dem auch sei, ich muß jetzt leider gehen."
NANCY: „Gut, Bob. Klar. Trotzdem vielen Dank."

Als Nancy mir von dem frustrierenden Gespräch mit Bob erzählte, fand ich es schwierig, ihr zu verschweigen, was mir ihr direkter Vorgesetzter erzählt hatte, nämlich daß Bobs freundlich formulierte, aber im Grunde negative Meinung über sie ihre Beförderung verhindert hatte. Ich konnte ihr jedoch helfen einzusehen, warum es ziemlich klar war, daß ihr Gesprächsansatz die Situation mehr verwirrte als nützliche Informationen lieferte.

Zum einen waren beide in der gewählten Kulisse eher auf belanglose Plaudereien als auf vertrauliche geschäftliche Diskussionen eingestellt. Außerdem hatte Nancy sich von der Faktensuche distanziert, indem sie die Unterhaltung nur auf „sie" konzentrierte. Schlimmer noch: Sie hatte wenig getan, um Bob zu versichern, daß sie nicht nur die Wahrheit hören wollte, sondern sie auch verkraften würde, selbst wenn sie wenig schmeichelhaft ausfiele.

Schließlich verpaßte sie, nicht wissend, wie sehr die gemischten Gefühle eines Freundes eine gutgemeinte Botschaft verschleiern können, das Stichwort, mit dem Bob verriet, daß er vielleicht doch mehr zu sagen hatte. „Du weißt immer, wovon du redest, Nancy. Manchmal verlierst du ein bißchen das Maß...", waren seine Worte. Ein simples „Erzähl' mir mehr darüber" hätte vermutlich genügt, um ihn zu einem ehrlichen Feedback zu bewegen, zu dem er, zumindest teilweise, bereit war.

Um sich einen Fehlstart zu ersparen, sollten Sie vor Beginn Ihrer Gespräche folgende Fragen in Betracht ziehen:

- Welches ist die beste Art, mit dieser Person zusammenzukommen? Müssen Sie einen Termin verabreden, oder treffen Sie die Person ohnehin regelmäßig unter vier Augen?
- Welches ist der beste Rahmen für Ihr Treffen? In Anbetracht Ihrer und der Persönlichkeit Ihres Informanten: Wäre ein formeller oder ein informeller Rahmen die geeignetere Kulisse für ein faktenbasiertes Gespräch? Oft erzeugt ein neutraler Ort wie etwa der Konferenzraum die entspannteste Atmosphäre. In den Büros können gewohnte Rollen und Statushinweise eine offene, unverkrampfte Unterhaltung schwierig machen.
- Wie wichtig ist eine ungestörte, intime Atmosphäre für Sie oder Ihren Informanten? Zwar dürfte es in einem vollen Restaurant mit hohem Geräuschpegel unmöglich sein, Ihr Gespräch zu belauschen, doch manche Menschen fühlen sich bereits durch die bloße Anwesenheit anderer gehemmt.

Einen Gesprächsansatz wählen

Eine Vielzahl von Ansätzen kann bei der Feedbackbeschaffung dienlich sein. Die folgenden, in grober Reihenfolge von informell bis formell aufgelisteten Ansätze haben sich bei meinen Klienten besonders bewährt.

Ansatz 1

Wenn Sie Ihren Informanten gut kennen oder mit ihm befreundet sind, sollten Sie eine Unterhaltung anregen, bei der Sie ihn auf ein bestimmtes Problem ansprechen, das in Ihrer Woche der Selbstbeobachtung ans Licht kam. Das könnte sich etwa so anhören:

„Bob, ich brauche deine Hilfe. Bei unserem Teamtreffen fiel mir auf, daß jedesmal, wenn ich einen Kommentar einwarf, die Diskussion plötzlich verstummte. Nach einer Pause wurde dann das Thema gewechselt. Ich denke, ich tue irgend etwas, das die Leute dazu bringt, sich zurückzuziehen. Vielleicht klinge ich zu bestimmt, vielleicht ist es auch etwas anderes. Mein Problem ist, ich weiß nicht, woran es liegt oder ob ich mir das alles auch nur einbilde. Was mir am meisten helfen würde: wenn du so ehrlich wie möglich mit mir wärst. Mach' dir keine Sorgen, ob du meine Gefühle verletzt. Was immer es ist, ich kann sicher etwas daran ändern, und wenn nicht, wüßte ich wenigstens, was los ist."

Die zweite Version dieses Ansatzes klingt ähnlich. Verwenden Sie sie bei dem Verdacht, daß Ihr berufliches Fortkommen lahmt, Sie aber nicht wissen, weshalb.

„Tom, ich habe mir ernsthafte Gedanken über mich, den Job und die Tatsache gemacht, daß zwei Beförderungen, von denen ich meinte, sie stünden mir zu, an andere gingen. Ich glaube, irgend etwas an der Art, wie ich die Dinge tue – dessen ich mir aber nicht bewußt bin –, macht mir einen Strich durch die Rechnung. Zumal du mich so oft in Aktion gesehen hast, dachte ich, du hättest vielleicht etwas bemerkt oder Kommentare anderer über mich gehört, die einen Anhaltspunkt bieten könnten."

Vergessen Sie nicht, Ihrem Gesprächspartner nach diesem Einstieg zu versichern, daß er keine Rücksicht auf Ihre Gefühle nehmen soll, weil es Ihnen rein um die Informationen geht. Das schafft ein positives Klima und enthebt ihn von der Notwendigkeit, diplomatisch zu sein, was die Botschaft in jedem Fall verwässern würde. Die Frage, was andere an Ihnen bemerkten, ist nützlich, denn sie lenkt die Aufmerksamkeit des Informanten auf seine Beobachtungen und hilft ihm, Ihr Verhalten zu beschreiben, statt ihm ein Etikett aufzudrücken. Die Aussage, Sie seien eine „Meine Methode stimmt immer"-Person, hat zwar einen gewissen Informationsgehalt, läßt Sie aber im dunkeln, warum Sie so gesehen werden. Dagegen ist eine Beobachtung wie „Deine Stimme hat manchmal einen gereizten Unterton, wenn du nach Problemen fragst" viel nützlicher, weil sie verrät, was Sie konkret ändern müssen.

Es kommt vor, daß Ihre Informanten versuchen, Ratschläge („Du mußt besser zuhören") statt Feedback („Du fährst Leuten oft über den Mund, bevor sie ausgeredet haben") zu geben, so daß Sie von vornherein klären sollten: „Ich will keinen Rat, sondern nur deine Eindrücke, speziell, was dir an mir aufgefallen ist." Sollten Sie trotzdem einen Rat bekommen, bedanken Sie sich, und lenken Sie die Aufmerksamkeit Ihres Freundes dann wieder auf das, was er an Ihnen bemerkt, beobachtet, entdeckt, wie er Ihr Verhalten empfunden hat. Je nachdem für wie klug oder kompetent Sie ihn halten, bitten Sie später vielleicht wirklich um Rat. Aber denken Sie daran, seine Meinung, wie Sie sich verhalten sollten, mag zu seinem Charakter und Auftreten passen, kann aber für Sie völlig unbrauchbar sein.

Ansatz 2

Manchmal lohnt sich der Versuch, von Personen ein Feedback zu bekommen, die die Vorstellung einer offenen, intensiven Unterhaltung unangemessen oder gar einschüchternd finden. In solchen Fällen hat sich die Adaptation einer Methode aus dem Bereich des Teameffektivitätstrainings bewährt. Sie funktioniert am besten, wenn Sie Ihre Chefin überreden können, auf sie Bezug nehmen zu dürfen, denn das schafft einen guten Background für Ihre Feedbacksuche, der selbst in Betrieben mit angeblich sehr selbstbewußten Mitarbeitern als erleichternd empfunden wird. Ihr Einstieg könnte etwa so klingen:

„Jerry, die Chefin, und ich versuchen, meinen Trainings- und Entwicklungsplan detaillierter auszuarbeiten. Sie hat mir ein paar Anregungen gegeben, aber ich möchte so viele Eindrücke wie möglich sammeln, was ich tun muß, um effektiver zu werden, speziell ob es etwas an meinem Führungsstil gibt, das mich blockiert und das ich möglicherweise nicht ernst genug nehme. Würden Sie also so nett sein und mir bis nächsten Freitag zwei Fragen auf einem Blatt Papier beantworten?

Es sind wirklich nur zwei Fragen, die Sie in wenigen Minuten beantworten können. Frage eins ist: 'Angenommen, Sie und ich würden für den Rest unseres Leben gemeinsam in einem Team arbeiten. Welche drei Dinge sollte ich Ihrer Meinung nach öfter tun?' Und Frage zwei ist: 'Welche Dinge sollte ich Ihrer Meinung nach seltener oder gar nicht tun?' Fassen Sie sich so konkret wie möglich, und haben Sie keine Angst, meine Gefühle zu verletzen. Mir kommt es einzig und allein auf Ihre Eindrücke und Wahrnehmungen an."

Falls Sie mehrere Personen befragen, können Sie sie bitten, ihre Antwortzettel mit oder ohne Unterschrift in eine Sammelbox zu werfen. Anonymes ist besser als gar kein Feedback, hat aber den Nachteil, daß Sie nicht mit gezielten Fragen nachhaken können. Andererseits ist es vermutlich ehrlicher.

Ansatz 3

Dieser Ansatz eignet sich nach Beurteilungen oder anderen Situationen, in denen Sie bewertet oder kritisiert wurden. Nehmen wir an, ein Mitarbeiter fuhr Sie barsch an: „Wissen Sie, Sie haben hier nicht als einziger gute Einfälle!" Ihr Ziel ist es nun, diese Kritik in einen Komplex mit problematischen Verhaltensweisen einzuordnen, an dem Sie dann zu arbeiten beginnen, wenn er Ihnen wichtig genug erscheint. Zu diesen Zweck stellen Sie eine Reihe von Fragen, die anderen dabei helfen, sich konkreter und anschaulicher zu artikulieren. Wählen Sie unter folgenden Möglichkeiten:

- Ich glaube, ich verstehe die Situation, aber könnten Sie mir etwas näher erklären, warum das für Sie (für mich) problematisch ist?
- Was soll ich Ihrer Meinung nach anders machen?
- Welche Konsequenzen hatte mein Verhalten für Sie (andere in der Gruppe, Kunden etc.)?
- Wenn ich ein oder zwei problematische Aspekte auswählen müßte, woran sollte ich Ihrer Meinung nach zuerst arbeiten?

Diese Reaktion auf Kritik schätze ich besonders wegen ihres positiven Grundtons. Außerdem zeigen Sie sich damit stark und reif statt defensiv und verunsichert. Damit nehmen Sie denen, die Sie angreifen wollen, den Wind aus den Segeln, ohne im geringsten Ihre Mitschuld an der Problematik herunterzuspielen.

Psychologisch gewappnet

Mir ist noch nie jemand begegnet, der die Vorstellung, um Feedback auf ein potentielles Problemverhalten zu ersuchen, nicht verabscheut hätte. Wie jedoch häufig bei unangenehmen Situationen der Fall, stellt sich das Ganze hinterher viel harmloser dar als befürchtet. Da Ihnen bei dem Gedanken an die Gespräche gewiß mulmig zumute ist, sollten Sie aber bestimmte Vorkehrungen treffen, damit Ihre hehren Absichten nicht im Sande verlaufen.

Eine naheliegende und nützliche Maßnahme ist es, jemandem zu erzählen, was Sie vorhaben und warum. Das kann ein Mitarbeiter sein, den Sie unter Umständen später befragen wollen, oder jemand aus Ihrem häuslichen Umfeld. Geben Sie der Person die Erlaubnis, ab und zu nachzufragen, ob Sie Ihr Vorhaben bereits begonnen haben.

Notieren Sie die Namen der Personen, die Sie befragen wollen, auf einer Liste, die Sie dann in einen Aktionsplan umwandeln. Schreiben Sie auf, wie und wann Sie sie treffen werden, außerdem ihre Telefon- oder Durchwahlnummer. (Selbst die kleine Verzögerung, die ein Nachsehen im Telefonverzeichnis bringt, reicht oft schon als Entschuldigung aus, das unangenehme Gespräch gleich auf einen anderen Tag, an dem Sie mehr Zeit haben, zu verschieben.) Dann verabreden Sie einen Termin mit der ersten Person auf Ihrer Liste.

Es empfiehlt sich, mit jemandem zu beginnen, zu dem Sie ein angenehmes Verhältnis haben, obwohl Ihr Hauptanliegen natürlich darin besteht, den Grund für die beiläufige Frage Ihrer Chefin, ob Ihre Frau noch berufstätig ist, herauszufinden. In einer unangenehmen Situation mit dem geringsten Übel zu beginnen gibt Ihnen Zeit, Ihre Technik zu verfeinern, und mit jedem neuen Anlauf gewinnen Sie mehr Gelassenheit. Diese Gelassenheit überträgt sich auf Ihre Gesprächspartner, die Ihnen nun objektiver antworten.

So verschaffen Sie sich relevante Informationen

Sie haben einen Termin verabredet, die Lokalität gewählt, Ihren Fragen einen positiven Unterton verliehen und mit dem Ansatz begonnen, der Ihnen am erfolgversprechendsten schien. Jetzt geht es darum, sich relevante Informationen zu beschaffen, um zu entscheiden, ob eine Verhaltensänderung momentan in Ihrem Interesse ist und, wenn ja, welches Ihre Ziele sein sollten. Hier einige Vorschläge:

Den Redefluß unterstützen

Trotz Ihrer Versicherung, Ihre Gefühle würden nicht verletzt, wird Ihre Informantin Ihnen erst glauben, wenn sie Sie auf die Probe gestellt hat. Sie wird mit einem Bagatellproblem beginnen, um Ihre Reaktion zu prüfen. Egal wie ungenau oder fehlinformiert ihre Äußerungen über Ihr Verhalten auch sein mögen – verkneifen Sie sich jegliche Einwände, denn diese würden nur als Abwehrhaltung und eindeutiges Zeichen gewertet, daß Sie doch nicht bereit sind für die bittere Pille. Vielmehr sollten Sie auf das, was Sie hören, beifällig reagieren, mit Kopfnicken oder Bestätigungen wie „Das ist großartig, genau, was ich zu hören hoffte." Gerät der Redefluß ins Stocken, fragen Sie „Noch etwas?", um ihn am Laufen zu halten.

Wenn Ihre Informantin sich in Verallgemeinerungen verliert oder Ihnen einfach nur ein Etikett aufklebt („Na ja, John, du bist eben ein ziemlicher Nörgler"), drängen Sie sie, sich präziser zu fassen und speziell darauf einzugehen, was an Ihrem Verhalten sie zu dieser Einschätzung veranlaßt. Stellen Sie die üblichen konkreten Fragen: „Wann fällt dir das besonders auf?" oder „Ich möchte nicht blöd klingen, aber könntest du näher beschreiben, was in dir vorgeht, wenn ich stundenlang über unseren Chef herziehe?"

Zwischendurch ist es ratsam, den Kern ihrer Aussage mit Ihren Worten zu umschreiben. Damit vergewissern Sie sich nicht nur, daß Sie mit Ihrer Interpretation richtig liegen, sondern beweisen darüber hinaus Ihr aufmerksames Zuhören. Eine Umschreibung könnte sich so anhören: „Du meinst also, Mary, ich schiebe es immer wieder auf die lange Bank, schlechte Mitarbeiter auf ihre miserable Leistung hinzuweisen? Du hältst mich für jemanden, der immer nur nett sein will, aber kein guter Manager ist? Verstehe ich das richtig?"

Notizen machen

Notizen zu machen ist in mehrfacher Hinsicht hilfreich: Es bekundet Ihr aufrichtiges Interesse an dem Gesagten; es zwingt Sie, auf das zu hören, was gesagt wird, statt auf Ihre inneren Proteste „Das tue ich nicht"; und es vermeidet, daß Sie Ihr Gespräch falsch in Erinnerung behalten.

Was, wenn Ihre Informanten unterschiedlicher Meinung sind?

Wenn mehrere Ihrer Informanten Sie vollkommen unterschiedlich charakterisieren und Sie nicht wissen, welche Version Sie glauben sollen, ist das keineswegs ungewöhnlich. Kann sein, daß sie Sie einfach nur in verschiedenen Rollen erlebt haben: als Referent oder ausschließlich in Ihrer Funktion als Kundendienstrepräsentant. Häufiger ist es jedoch so, daß die Ursachen für die Diskrepanzen nicht in Ihrer, sondern in der Persönlichkeit der Betrachter liegen. Sie interpretieren Ihr Verhalten unterschiedlich, weil sie es an ihren eigenen Neigungen messen. Ein analytischer Denker wie Sie mag Ihre Detailversessenheit und Akkuratesse bewundern, einem intuitiven Charakter fällt dazu eher „pedantischer Erbsenzähler" ein.

Nützliche Empfehlungen, wie man die abweichenden Meinungen richtig auslegt, stammen aus aktuellen Studien über interpersonelle Wahrnehmung. Letztere unterstreichen, wie wichtig es ist, daß Ihre Informanten sich in ihren Aussagen auf Ihr Verhalten und seine Wirkung auf sie konzentrieren. Beim ersten ist die Übereinstimmung meist größer als beim zweiten Punkt.

Verlassen Sie sich stärker auf die Aussagen kompetenter, erfolgreicher Informanten, da diese allgemein besser beobachten und weniger dazu neigen, Sie in einem zu positiven oder zu negativen Licht zu sehen.

Letztlich müssen *Sie* abwägen, welche Gesamteffekte Ihr Verhalten hat, indem Sie die Reaktionen der Personen mit der für Sie wichtigsten Meinung berücksichtigen und sich über die Versuchung im klaren sind, aus einem Gefühl der Defensive heraus das Negative, das Sie hören, zu verdrängen.

Auf Defensivverhalten achten

Generell sollten Sie davon ausgehen, daß Sie stärker zu defensivem Verhalten neigen als angenommen, um ein Nachlassen Ihrer Aufmerksamkeit zu vermeiden. Es ist emotional ermüdend, Schilderungen anzuhören, wie Ihr Verhalten so gar nicht der Person entspricht, die Sie sein wollen oder zu sein glauben. Wenn Sie merken, daß Ihre Aufmerksamkeit nachläßt, sammeln Sie sich kurz, indem Sie Ihre Notizen überfliegen, schlagen Sie eine Erfrischungspause vor oder – falls Sie Getränke mitgebracht haben – trinken Sie einen Schluck Saft oder Kaffee. Nutzen Sie diese Zeit, um sich für Ihre Tapferkeit, all das überhaupt angezettelt zu haben, zu loben.

Rechnen Sie damit, mitten im Gespräch von Gefühlen übermannt zu werden, in Tränen auszubrechen, vor Anspannung nicht mehr stillsitzen zu können, überfordert zu sein. Signalisieren Sie Ihrem Informanten in diesem Fall, daß Sie eine Pause einlegen möchten, in der Sie Ihre Fassung zurückgewinnen sollten, um über den Vorfall sprechen und das Gespräch fortsetzen zu können.

Sie bewahren leichter die Fassung, indem Sie das, was passiert ist, relativieren. Zu sagen „Ich bekomme genau das, was ich wollte, aber das heißt nicht, daß es mir gefällt" und sich dabei ein Lächeln abzuringen kann Ihnen beiden helfen, weiterzumachen. Wenn das nicht möglich ist, schlagen Sie eine Pause vor, in der Sie sich Ihre Gefühle eingestehen und sich gut zureden, daß der schlimmste Teil überstanden ist.

Zweifel neu formulieren

Es ist eine nette, aber leider unrealistische Vorstellung, Ihre innere Abwehr würde plötzlich verstummen, weil Sie sich tapfer der Kritik geöffnet haben – das tut sie nicht. Gedanken wie „So schlimm ist es nicht", „Das sind ja Mimosen" oder auch ein ganz direktes „So bin ich einfach nicht" wühlen Sie innerlich auf. Selbst wenn das, was Sie hören, früheren

Kommentaren Ihrer Eltern, Ihrer Partnerin oder Ihres alten Chefs ähnelt, ist die Versuchung groß, Ihr Problemverhalten herunterzuspielen und sich dadurch zu trösten: „Ich reiche meine Berichte zu spät ein. Na und, die liest ja doch keiner!" „Davon abgesehen", beschwichtigt Ihre schlaue Abwehr, „steht deine gegen ihre Meinung."

Sie können diese allzu menschlichen Abwehrmechanismen ausschalten und Ihre Fragen neu formulieren, so daß nicht im Mittelpunkt steht, wie gut oder schlecht Sie sind – was automatisch Ihren Selbstschutz auf den Plan ruft –, sondern die neutralere Frage, wie andere auf Sie reagieren. Aus „Sie behaupten, ich weigere mich, den Vorschlägen meines Teams zuzuhören" wird dann „Was tue ich, das meinem Team den Eindruck gibt, ich würde nicht zuhören?"

Unter diesem neuen Fokus rekonstruieren Sie eine kürzliche Unterredung mit einem Teammitglied: Sind Sie ihm ins Wort gefallen? Haben Sie in Ihrem Aktenkoffer herumgekramt, während er noch am Reden war? Haben Sie schon über Ihr nächstes Argument nachgedacht, obwohl Sie zuhören sollten? Kann sein, daß keine dieser Verhaltensweisen zutrifft, aber das ist nicht der Punkt. Denn es braucht nicht viel Fantasie, um einzusehen, daß ein solches Verhalten selbstsüchtig und arrogant auf andere wirkt.

Ein zu hartes Urteil? Mehr als Ihr Selbstwertgefühl verkraftet? Keine Bange! Wie Sie sich erinnern, haben Sie ja noch eine zweite Verteidigungstaktik zur Verfügung – die Schuldabwälzung auf andere Personen oder Umstände.

Schuldzuweisungen vermeiden

Die Schuld auf andere abzuwälzen ist natürlich praktisch, um sich vor düsteren Gedanken zu bewahren, wenn Ihre besten Absichten nicht die gewünschten Resultate bringen.

Für derart kindische Manöver sind Sie zu erwachsen? Theoretisch ja, aber egal wie sehr Sie glauben, über solche unreifen Verhaltenweisen erhaben zu sein, sollten Sie doch damit rechnen, daß Ihre Liste mit kritischen Kommentaren

Sie skeptisch fragen läßt, ob nicht doch das Versagen anderer oder unglückliche Umstände schuld sind. Umgekehrt können auch Vorwürfe gegen Sie selbst – Ihre Macken und Fehler – durchaus bequem sein, ersparen Sie sich damit doch lästigen Aufwand. Wenn Sie ohnehin ein hoffnungsloser Fall sind, warum dann nicht sich zurücklehnen und genießen? Denken Sie daran, solche Gedanken sind normal und zeigen, daß Ihr persönliches Wachstum Fortschritte macht. Trotzdem ist es wichtig, Schritte zu unternehmen, um Schuldzuweisungen in jeglicher Richtung zu vermeiden, und zwar nicht durch plumpes Negieren – zumal sie nicht *ganz* aus der Luft gegriffen sein mögen –, sondern durch Konzentration auf den Teil der Realität, den sie verschleiern.

Das funktioniert am besten, wenn Sie Ihre Gedanken aufschreiben oder in Ihren PC eingeben. In der linken Spalte notieren Sie Ihre häufigsten Ausreden und Schuldzuweisungen; rechts davon steht ein kurzer Kommentar, der diese in ein Verhaltensziel übersetzt. Ihre Liste könnte so aussehen:

- Wir haben soviel zu tun, daß ich mir unmöglich alle Kommentare anhören kann, die meinem Team einfallen.

- Wie gelingt es mir, daß Entscheidungen zügig gefällt werden, ohne daß ich mir Ressentiments und Unmut einhandele und die Erledigung aller Aufgaben penibel überwachen muß?

- Ich lasse schlechte Leistungen durchgehen, weil ich Angst vor Konflikten habe.

- Wie kann ein konfliktscheuer Mensch klare Maßstäbe setzen und dafür sorgen, daß alle Mitarbeiter diese erfüllen?

- Meine Chefs, die mir das eingebrockt haben, sind selbst auch alles andere als unfehlbar.

- Stimmt, aber wenn ich befördert werden will, muß ich eben ihrem Bild von einem harten, aber gerechten Chef entsprechen.

Wann immer ich mit meinen eigenen schwierigen Verhaltensweisen konfrontiert war, staunte ich, wieviel negative Energie ich in meine verzweifelten Versuche gesteckt hatte, der Wahrheit nicht ins Gesicht blicken zu müssen. Vielleicht finde ich diese Übung deshalb so wertvoll und befreiend zugleich. Jahrelang hatte ich mangelndes Interesse als Grund vermutet, warum meine Familie und Freunde mir stumm signalisierten, daß sie von den kleinen Lektionen, die ich ihnen oft aufzwang, alles andere als begeistert waren. Das Feedback, daß meine Belehrungen – gut gemeint oder nicht – Langeweile oder auch Unterlegenheitsgefühle erzeugten, tat anfangs weh. Doch nachdem ich es in ein Verhaltensziel übersetzt hatte („Ich muß sie nur vorher fragen, ob sie meine Weisheiten hören wollen, und dann ihre Gesichter genau beobachten, wann sie genug haben"), zeigte mir mein Gefühl der Erleichterung, daß ich seit langem wußte, etwas stimmte nicht, es aber energisch geleugnet hatte.

In diesem Zusammenhang sollte erwähnt werden, daß Männer und Frauen unterschiedlich mit Feedback umgehen. Offenbar führen Frauen negatives Feedback eher auf ihren Charakter zurück als auf die Art und Weise, wie sie bestimmte Fähigkeiten einsetzen, und reagieren daher häufig deprimiert. Männer dagegen, deren Konkurrenzdenken allgemeiner stärker ist, tendieren dazu, kritisiertes Verhalten auf die betriebliche Situation oder das Versagen anderer zurückzuführen. Das Resultat: Frauen nehmen Feedback zum Anlaß, über ihr Verhalten nachzudenken, fühlen sich dann oft zum Scheitern verurteilt und geben sich mit einer geringeren Leistung zufrieden, als sie hätten erreichen können. Anders die Männer: Ihr Selbstbewußtsein wird auch bei konkreten Anzeichen, daß einige Verhaltensaspekte ihre Karriere behindern, nur selten erschüttert. Beide Reaktionen sind ein ernüchternder Beweis, wie sehr Schuldzuweisungen – an die eigene und an fremde Adressen – die Realität verzerren.

Konkrete Verhaltensziele definieren

Nachdem Sie die unangenehmen Gespräche überstanden und Ihre natürliche Skepsis in den Griff bekommen haben, sind Sie nun bereit, eine realistische, von Engagement getragene Entscheidung zur Verhaltensänderung zu treffen. Hüten Sie sich vor defensiven Anflügen, die Ihrem Ego in letzter Minute einfallen. Studieren Sie Ihre Liste mit Fakten und Wahrnehmungen, um die Hauptthemen herauszufiltern.

Vielleicht wirken Sie so dominant, daß andere zögern, Ihnen gegenüber Zweifel, geschweige denn Widerspruch zu äußern. Charakterisierungen, die in diesem Zusammenhang auftauchen, sind „wichtigtuerisch", „überheblich", „verschlossen". Während Ihr erster Gedanke sein mag „Okay, von jetzt an werde ich nicht mehr so dominant, wichtigtuerisch, überheblich und verschlossen sein", sollte Ihr zweiter Gedanke unbedingt lauten „was immer das bedeutet". Denn worum es geht, ist die Umwandlung dieser unnützen Etikettierungen in konkrete Verhaltensziele, auf die Sie zusteuern können. Um diese Ziele zu definieren, müssen Sie Ihre gesammelten Daten, die Ihren Freunden geschickt entlockten Details, Ihre Fantasie und womöglich sogar Ihren Spiegel benutzen, um folgende drei Fragen zu beantworten:

- *Was* sage und tue ich – sowohl verbal als nonverbal –, das mich auf andere dominant (unentschlossen, einschüchternd, oberflächlich...) wirken läßt?
- *Wie* verhalte ich mich, um diese Wirkung zu unterstützen?
- *Welche persönlichen Merkmale* – etwa mein Bildungshintergrund oder äußere Attribute – verstärken die Wirkung meines Verhaltens?

Die Antworten auf diese Fragen dienen als Ziele für Ihr geändertes Verhalten.

Lesen Sie, wie Sally, die von ihrem Team einstimmig als „sehr dominant, wichtigtuerisch, verschlossen und überheblich" bezeichnet wurde, an die Fragen heranging. Selbst in diesem Stadium hegt sie noch immer einige nicht ganz unberechtigte Zweifel.

„Was tue und sage ich...?"

- Ich glaube, ich höre mir wirklich nur ein paar Sätze an und entscheide dann (zu schnell?), ob ich der gleichen Meinung bin oder nicht.
- Meine Antworten (Einwände?) beginnen mit „Schon, aber..."
- Ich erkläre geduldig, warum ich Recht habe (und übertöne damit mögliche Alternativvorschläge).
- Ich delegiere Aufgaben, schreibe aber vor, wie diese zu erledigen sind. Es passiert offenbar häufiger (stimmt das wirklich?), daß ich ein Projekt bei Problemen kurzerhand wieder selbst übernommen habe.

„Wie verhalte ich mich...?"

- Bei Meinungsverschiedenheiten wird meine Stimme härter (bin noch unsicher, was das bedeutet – sollte wohl meinen Mann fragen).
- Manchmal haue ich auf den Tisch, wenn ich permanent angegriffen werde.
- Anscheinend wird mein Gesicht rot, wenn ich mich aufrege, meine Stimme dagegen wird nicht lauter.
- Meine Augen funkeln (vor Wut?).

„Welche persönlichen Merkmale...?"

- Mein Doktortitel einer renommierten Uni? Wollte ich mir damit Gegner vom Hals halten? Darauf muß ich achten. Der Punkt ist, ich bin klüger und gebildeter als alle anderen, mit Ausnahme von Monika vielleicht. Wieso ist das ein Problem?
- Ich kleide mich gut. Das werde ich nicht ändern.

Wie Sie aus Sallys Notizen erkennen, hilft eine Beschreibung der eigenen Person aus der Perspektive anderer nicht nur bei der Definition von Verhaltenszielen. Sie regt auch einen nützlichen Dialog mit sich selbst an und entdeckt Bereiche, die weiterer Faktensuche bedürfen.

Falls Sie bereits versucht haben, einige der problematischen Verhaltensweisen auf Ihrer Liste zu ändern, sind Sie jetzt vielleicht wütend – auf sich selbst und auf Ihre Informanten – und entmutigt, da Ihre ersten Versuche fehlschlugen. Geben Sie nicht auf! Laut Studien über den Umgang mit selbstzerstörerischem Verhalten im Alltag gingen der Änderung selbst hartnäckigster Verhaltensfehler in der Regel mehrere abgebrochene oder erfolglose Versuche voraus. Wenn Sie aufgrund früherer Fehlschläge drauf und dran sind, Ihre Notizen in die hinterste Schreibtischschublade zu verbannen oder gleich in den Müll zu werfen, sollten Sie das Motto der Therapeuten Richard Bandler und John Grinder beherzigen: „Es gibt keine Fehler, sondern nur Feedbacks." Denn sofern nicht alle unsere Erkenntnisse über den Umgang mit Problemverhalten falsch sind, hilft allein Ihr Wissen, sich die Mühe gemacht und Informationen gesammelt zu haben und einen Plan zur Verhaltensänderung zu besitzen, Ihrem gebeutelten Ego, auch heftige Angriffe zu überstehen. Das Schlimmste haben Sie ohnehin hinter sich. Sie haben sich den Spiegel vorgehalten und erkannt, was Sie ändern müssen. Denken Sie jetzt daran, daß selbst kleinste Änderungen große Nutzen bringen, und entscheiden Sie, was Sie wie und wann anders machen wollen – unser Thema in Kapitel 3.

3.
Planen,
wie, wann und wo
Sie Ihr Programm starten

Nachdem die schwierigsten Schritte – das Herausfinden problematischer Verhaltensweisen und die Definition von Änderungszielen – hinter Ihnen liegen und Sie Ihre Entscheidung gefällt haben, würden Sie am liebsten gleich in Aktion treten, nicht wahr? Möglicherweise kommt es Ihnen nicht sonderlich schwierig vor, Ihr Problemverhalten zu ändern: ein bißchen besser zuhören und ein paar kluge Seitenhiebe, die Sie sich verkneifen – vielleicht. Sich die Zeit zu nehmen, um Ihre Strategie zu durchdenken und Ihre Gedanken schriftlich in Form eines Aktionsplans zu fixieren, erscheint Ihnen daher umständlich und überflüssig. Doch es gibt gute Gründe, weshalb Sie unbedingt einen detaillierten Plan haben müssen, bevor Sie aktiv werden. Der Aktienanalyst Douglas Keely weiß davon ein Lied zu singen.

Der saloppe Douglas

Douglas hatte seine Stellung seit vier Monaten. Klug, selbstbewußt und ehrgeizig, entsprach er genau dem Image eines aufstrebenden Jungakademikers mit Prädikatsdiplom und großer Zukunft. Doch an diesem Nachmittag gab er ein erbärmliches Bild ab, wie er gekränkt in seinem Ledersessel saß und an der Lektion knabberte, die ihm sein Chef in herablassendem Tonfall erteilt hatte. Er wollte nicht zulassen, daß sein angekratztes Ego ihm die Karriere vermasselte.

„Nun gut", dachte er, „für manche Kunden klinge ich also zu locker und salopp. Einen gediegeneren, solideren Eindruck zu machen sollte für jemanden wie mich kein Problem sein."

Er lauschte den Telefongesprächen der älteren Kollegen und bastelte fleißig an seiner neuen Ausstrahlung von Reife, Würde und Weisheit. In den nächsten Wochen verwandelte er sich in den Archetypus eines souveränen Mitarbeiters.

Einen Monat später dann der Schock. „Tut mir leid", sagte sein Chef, „aber ich glaube nicht, daß dieser Job richtig für Sie ist. Zwei Ihrer Kunden haben mich angerufen und einen neuen Betreuer verlangt, und heute flatterte uns die Mitteilung ins Haus, daß ein großer Rentenfondskunde zur Konkurrenz gehen will. Ich hatte gehofft, unsere Unterredung vor ein paar Wochen würde Sie zurechtstutzen, aber scheinbar ist alles nur noch schlimmer geworden."

„Aber was mache ich denn falsch?", jammerte Douglas. „Sie haben gesagt, ich müsse solider rüberkommen, also habe ich mich aufrecht hingesetzt, den Smalltalk beiseite gelassen und Ernsthaftigkeit demonstriert."

„Aha, daher die Beschwerden, Sie seien negativ, distanziert und unbeteiligt. Und ich glaube, hier könnte das wahre Problem liegen – vielleicht sind Ihnen Ihre Kunden ja wirklich egal."

Wenn Sie jetzt denken „Moment mal, Douglas wollte einfach das falsche Problem lösen – was er brauchte, war (noch) kein Plan, sondern ein präziseres Feedback", haben Sie teilweise recht. Hätte er sich nach der ersten Lektion von seinem Chef um eine genauere Einschätzung bemüht, wäre womöglich ans Licht gekommen, daß seine saloppe Art unseriös, als nähme er die Belange seiner Kunden auf die leichte Schulter, statt unverkrampft wirkte. Aber dieser Fehler kann vielen passieren.

Ich habe dieses Kapitel mit diesem Beispiel begonnen, weil ich allzuoft mitbekam, wie enthusiastisch begonnene Verhaltensänderungen fehlschlugen, weil die Initiatoren von Anfang an am Ziel vorbeisteuerten. In ihrem Eifer hatten sie nicht genügend darüber nachgedacht, wie bestimmte Verhaltensänderungen auf andere wirken. Und noch weniger hatten sie sich – siehe unser aktuelles Beispiel – über die Überwachung ihrer Fortschritte Gedanken gemacht – ein wesentlicher Schritt, der Douglas zu der nötigen Kurskorrektur hätte veranlassen können. Einer der besten Gründe, einen Plan zu entwerfen, ist der, daß dieser die Richtigkeit der Anfangseinschätzung laufend überprüft, indem er Sie zwingt, Informationen und Interpretationen in Aktionsschritte umzusetzen. Doch es gibt noch weitere Gründe für einen Aktionsplan.

Bevor Sie mit dem Plan beginnen, müssen Sie zunächst mit folgenden Fragen Klarheit in Ihr Puzzle bringen: Wie profitiere ich von meinem Problemverhalten? Kann ich einige meiner Befriedigungen retten, ohne Unannehmlichkeiten in Kauf nehmen zu müssen? Gibt es bestimmte Personen oder Situationen, die das zu ändernde Verhalten auslösen? Gibt es ähnliche Situationen, in denen ich das Problemverhalten nicht zeige? Die Antworten auf diese und ähnliche Fragen liefern ein Konzept, wie Sie Ihre Verhaltensänderung bewerkstelligen können.

Ein Plan sorgt außerdem dafür, daß Ihre Bemühungen mit größtmöglichem Nutzen quittiert werden. Sie wählen den besten Zeitpunkt, ein neues Verhalten auszuprobieren; Sie konzentrieren sich auf Veränderungen, die nicht zu schwierig aber auch nicht ganz mühelos zu bewerkstelligen sind. Der wichtigste Punkt: Durch die Erfüllung aller Grundbedingungen schaffen Sie ein solides Fundament für Ihren Erfolg.

Die Änderung zur Gewohnheit gewordener Verhaltensweisen ist fast immer ein unwillkommenes und unnatürliches Unterfangen. Ob Sie Ihre Tennishaltung ändern oder lernen wollen, die Ruhe zu bewahren, wenn Ihnen der Kragen zu platzen droht: Stellen Sie sich auf innere Proteste und die Versuchung ein, zu Ihrem alten Stil zurückzukehren. Ein Aktionsplan, der detaillierte Schritte, Warnungen und Tips zum Füllen peinlicher Schweigeminuten enthält, läßt Sie lange genug durchhalten, um zu erkennen, daß Sie Ihre Schwächen tatsächlich ausmerzen können, ohne Ihre Stärken zu opfern.

Es ist kein Geheimnis, daß schriftlich fixierte Absichtserklärungen mehr Gewicht bekommen, wenn man sie mit einer anderen Person bespricht. Durch das schriftliche Festhalten drücken Sie Ihre Gedanken konkret aus und vollziehen bereits den ersten Aktionsschritt, der Aufgaben von der Haltung

"Das sollte ich tun" in die Ebene "Das werde ich tun" katapultiert. Entwickeln Sie in Gedanken einen Aktionsplan, und schreiben Sie die wichtigsten Punkte auf. Sie werden sehen, es hilft.

Zuviel aufzuschreiben kann allerdings zu einem Problem werden. Stephen, der Projektleiter aus Teil I, hatte am Ende vier Seiten mit minutiösen Notizen angefüllt, die jede erdenkbare Eventualität berücksichtigten und Tabellen mit Dialogen für genau beschriebene Situationen enthielten. Der Plan war so umfangreich geworden, daß er ihn nie zur Hand hatte, wenn er ihn brauchte.

Halten Sie Ihren Plan also einfach, kurz und bündig, so daß er auf ein Stück Papier paßt, das Sie in Geldbörse oder Timer unterbringen und stets mit sich führen können. Um solch einen bündigen Aktionsplan zu erstellen, sollten Sie diese Fragen stichwortartig beantworten:

- Was haben Sie in Situationen, in denen Sie nicht schwierig waren, anders gemacht?
- Welche Situationen verleiten Sie zu schwierigem Verhalten?
- Was werden Sie anders machen und was nicht?
- Wie, wann und wo werden Sie starten?
- Wie werden Sie wissen, ob Sie Fortschritte machen?

Die Antworten auf diese Fragen bilden Ihren Aktionsplan.

Was haben Sie in Situationen, in denen Sie nicht schwierig waren, anders gemacht?

Kein Mensch ist permanent schwierig. Sicher ist Ihr schwieriges Verhalten ein Teil jener Mischung aus verbalen und nonverbalen Verhaltensweisen, Wesenszügen, Motivationen und Strategien, die alle zusammen unsere Persönlichkeit bilden. Das heißt aber nicht, daß Sie sich immer so verhalten. Meistens sind Sie ruhig und aufmerksam, hören anderen zu und vermitteln ihnen kein Gefühl von Minderwertigkeit.

Egal welche wünschenswerten Verhaltensänderungen sich aufgrund Ihrer Datensammlung herauskristallisiert haben – es gab immer Zeiten, wo Sie weder hochmütig, dominant oder arrogant waren noch so gesehen wurden. Rufen Sie sich diese Zeiten ins Gedächtnis zurück. Wie hat sich die Situation von denen unterschieden, die Ihr problematisches Verhalten ausgelöst haben? Gab es Unterschiede in der Art, wie Sie das Verhalten anderer empfanden? Freuten Sie sich über eine gelungene Leistung, war Ihr Streßpegel geringer?

Die Unterschiede erscheinen oft winzig – die gleichen Worte, allerdings in weniger forderndem Tonfall geäußert, zum Beispiel. Lassen Sie diese Situationen Revue passieren, und Sie stoßen häufig auf Anhaltspunkte für Verhaltensweisen, die sich bereits in Ihrem Repertoire befinden. Diese müssen Sie dann nur noch aufpolieren und lernen, sie anstelle ihrer problematischen Vettern abzurufen, wann immer es die Situation erfordert.

Welche Situationen verleiten Sie zu schwierigem Verhalten?

Nachdem Sie die Umstände rekapituliert haben, in denen Sie sich besonders effektiv verhalten, werden Sie es genauso nützlich, wenn auch unerfreulicher finden, jene Situationen zu eruieren, die Ihr schwieriges Verhalten provozieren. Zu wissen, wann Ihre Gefährdung am größten ist, sorgt dafür, das Sie auf der Hut sind und sich Worte oder Handlungen verkneifen, die Sie später bereuen.

Wie Sie bereits ahnen, hängen diese heiklen Situationen alle mit dem menschlichen Grundbedürfnis zusammen, sich gegen reale oder eingebildete Angriffe auf die psychologische Konstitution zu wehren.

Allgemein werden schwierige Verhaltensweisen meist von diesen Situationen ausgelöst: Sie fühlen sich bedroht und unter Handlungszwang; herabgewürdigt oder gedemütigt; unter Streß; bedrückt und niedergeschlagen; oder ein vertrautes Szenario weckt Erinnerungen an eine dieser Situationen. Während Sie sich diese Liste und die nachfolgenden Erläuterungen durch den Kopf gehen lassen, fahnden Sie in Ihrem Gedächtnis und Ihren Feedbacknotizen nach Anhaltspunkten für typische Situationen, auf die Sie regelmäßig mit schwierigem Verhalten reagiert haben.

Bedrohung und Handlungszwang

Das Problem ist, daß Sie wie alle Menschen mit einem zu effektiven Verteidigungsinstinkt ausgestattet sind. Natürlich wehren Sie hier keine physischen Gefahren ab, wohl aber Angriffe – real oder eingebildet? – auf Ihr Image von der Person, die Sie gerne wären oder die andere in Ihnen sehen sollen. Das Selbstwertgefühl der meisten von uns steckt im Alltag immer wieder massive Schläge ein, oft von Leuten, die etwas ganz anderes im Sinn haben. Wir sitzen vielleicht am Schreibtisch bei der Lektüre eines Berichts und hören, wie ein Kollege, den wir als Freund eingeschätzt haben, eine andere Kollegin aus der Buchhaltung in die Mittagspause einlädt – ohne uns hinzuzubitten. Unser empfindsames Ego fragt: „Warum die Buchhalterin und nicht ich?"

Oder aber bestimmte Worte oder Handlungen geben uns das Gefühl, daß wir gegenüber einer Person, die uns wichtig ist, eine Stufe herabgesetzt, erniedrigt, gedemütigt oder im Stich gelassen wurden. Stolz zeigen wir einem kompetenten und geachteten Kollegen eine Präsentation, in der unsere ganze Kreativität steckt – auf ein Wort des Lobes oder gar der Bewunderung hoffend. Doch die Anerkennung erschöpft sich in einem gemurmelten „Ja, das wird reichen", während wir mit ansehen, wie das Meisterwerk auf einem überquellenden Eingangskorb landet. Werten wir seine herablassende Reaktion – wie es die Mehrzahl tun würde – als Anfechtung unserer Position und Fähigkeiten, geht es uns von jetzt an nicht mehr darum, auf einer Stufe mit ihm zu stehen. Statt dessen strengen wir uns an, eine Stufe *über* ihm zu stehen – egal, ob wir dadurch Reputation oder persönliche Effektivität einbüßen.

So hat beispielsweise Douglas Keeleys schlecht verhohlenes Desinteresse, als sein Chef ihm die Lektion erteilte, ihn von „eins runter" („Ich werde wie ein Idiot behandelt; weiß der nicht, daß ich dieses Zeug studiert habe?") auf „eins rauf" gepusht („Dieser Typ ist langweilig, und das werde ich ihm, clever wie ich bin, auch zu verstehen geben"). Doch damit provozierte er seinen Chef, seine „Eins drüber"-Position zurückzuerobern und Douglas in die Schranken zu weisen. Ein einsichtigerer Mensch hätte erkannt, daß die Verlockung, seinen Chef vorzuführen, aus einem Gefühl der Demütigung resultierte, und sowohl angemessener als auch produktiver reagiert. Er hätte weder „eins rauf" angestrebt noch „eins runter" akzeptiert („Ich denke, das Stellagegeschäft habe ich jetzt im Griff, Chef, aber könnten Sie mir noch einmal erklären, welchen Kunden wir Tips über heiße Aktienangebote geben?").

Führten Douglas` Chef, der befreundete Kollege oder der bis dato geachtete Kollege Böses im Sinn? Bewußt wohl kaum, obwohl der befreundete Kollege uns ausnahmsweise vielleicht mit Absicht ausschloß, weil wir ihm zu gesprächig sind und er gerne mit der Kollegin allein reden wollte. Wie auch immer, ein wichtiger Teil von uns wurde verletzt. Unter der Wunde steckt freilich Angst – Angst, daß jemand die Erfüllung unserer tiefsten Wünsche sabotiert. Übrigens hätte ein anderer in der gleichen Situation womöglich nicht den kleinsten Kratzer davongetragen. Zwar teilen alle Menschen einen gemeinsamen Fundus an Wünschen und Bedürfnissen. Wie stark sie sich von ihnen leiten lassen, ist allerdings individuell unterschiedlich.

Für einige sind Macht und Verantwortung vorrangig – sie fühlen sich bedroht, wenn sie sehen, wie andere versuchen, ihre Autorität zu untergraben. Andere hingegen haben kein großes Bedürfnis nach Verantwortung, wollen dafür aber gemocht, akzeptiert oder anerkannt werden. Wieder anderen sind Macht und Liebenswürdigkeit ziemlich egal: Sie müssen sich vergleichen, fühlen sich ständig herausgefordert und brauchen die Bestätigung ihrer Kompetenz– sie brauchen von ihren Mitmenschen nur eines, nämlich daß diejenigen, deren Meinung sie schätzen, die Qualität und Wichtigkeit ihrer Leistung anerkennen.

Bis sie erwachsen sind, haben die meisten Menschen ihre verwundbarsten Stellen in einer dicken Schutzschicht verpackt, so daß sie nicht mehr in ständiger Panik leben müssen – trotzdem bleiben einige drohenden Angriffen gegenüber höchst sensibel. Wie Sie vielleicht ahnen, fühlen sich die Hochdynamischen und Hochmotivierten – wieder eine dieser nett-gemeinen Ironien des Schicksals – am leichtesten und schnellsten von Anzeichen bedroht, es könne ihnen an interpersonellem Geschick fehlen. Falls Sie zu dieser Gruppe zählen, denken Sie daran: Wenn Sie unter Handlungszwang stehen und sich im gleichen Moment verletzt, angeschlagen oder unterschätzt fühlen, ist die Gefahr besonders groß, daß Sie zu einer Ihrer bevorzugten Verteidigungstaktiken greifen.

Jeder hat da so seine Vorlieben. Ihre ist vielleicht wütendes Losbrüllen; ich neige zu verbissenen Debatten oder Rückzugsmanövern; ein anderer martert sich mit Selbstvorwürfen oder paßt sich einfach der Mehrheit an; wieder andere spielen den Clown. Welche Verteidigungstaktik Sie auch bevorzugen mögen – fest steht, daß Sie sie sehr früh erlernt haben, weil sie in der Lage war, Ihnen aus mißlichen Klemmen herauszuhelfen. Wenn Tränen und „Tut mir leid" Ihnen als Kind die Vergebung und den Trost Ihrer Eltern einbrachten, werden Sie auch als Erwachsener dazu neigen, sich in erster Linie durch Nachgeben und Anpassen zu verteidigen.

Ein grundlegendes Lernprinzip lautet „Wenn es funktioniert, wende es an" – speziell, wenn es auf Dauer funktioniert; und vermutlich wird ein zorniges Aufbrausen die Opposition genauso schachmatt setzen, wie es damals Ihre kindlichen Wutanfälle taten. Der Unterschied besteht darin, daß in der Kindheit nur der Kurzzeiteffekt – ungestraft davonzukommen – zählte. Jetzt aber müssen Sie sich um Langzeiteffekte sorgen, die überwiegend negativ sind, und das ist genau der Grund, warum Sie mit diesem Programm begonnen haben.

Anhand dieser drei Kriterien finden Sie heraus, ob es sich bei Ihrem Problemverhalten um ein in Ihrer Kindheit verankertes Verteidigungsmuster handelt:

Wirken Ihre Worte und Handlungen teilweise unmotiviert? (Passen sie nicht zu der Stimmung, die Ihrem Wutanfall, Tränenausbruch, Rückzug oder Clownsakt vorausging?)

Weil Ihr Abwehrverhalten sich nicht auf das Wesentliche einer Diskussion bezieht, sondern an vermeintliche Angriffe auf Ihre verletzbare Psyche knüpft, kann es sein, daß Ihre emotionalen Verteidigungsmechanismen ganz plötzlich Alarm schlagen – zu Ihrer eigenen und zur Verwunderung anderer. Beispielsweise hören Sie sich mitten in einer lebhaften Diskussion über ein neues Produktdesign plötzlich sagen: „Nun, wenn es das ist, was Ihr wollt, werde ich mich wohl anpassen." Auslöser für diese Bemerkung war nicht etwa eine triftige Argumentation gegen Ihr Lieblingsdesign, sondern ein am Rande mitgehörter Unterhaltungsfetzen, der Ihren Namen – so glauben Sie jedenfalls – mit einem abschätzigen Kichern verband.

Mit einem Wort: Unterschätzen Sie nicht die äußerst brisante Kombination: persönliche Bedrohung plus Handlungszwang. In Kneipen und auf der Straße führt dieser gefährliche „Cocktail" regelmäßig zu handfesten Konfrontationen.

Hat es den Anschein, als ob Ihr Angriffs–, Ausweich- oder Rückzugverhalten aus Ihnen herausbricht, statt daß Sie es bewußt an den Tag legen? Wissenschaftliche Erkenntnisse deuten darauf hin, daß hier mehrere Denk- und Wahrnehmungsprozesse gleichzeitig ablaufen. Der wichtigste enthält Ihre Erinnerungen und eine Anzahl intuitiver und erlernter Techniken für den Umgang mit der Welt, die Sie für Planungen und Problemlösungen verwenden. Doch es gibt noch einen anderen, elementareren Wahrnehmungsapparat, der an der Schwelle zum Unterbewußtsein sitzt und für den nur primitive Einschätzungen zählen.

Die in der viel umfangreicheren, auf rationeller Ebene angesiedelten Datenbank gespeicherten Informationen werden abgerufen, während Sie zugleich Informationen erwerben, wie Sie am besten mit einer Konfrontation umgehen. Hingegen werden die Reaktionen auf der zweiten, unterbewußten Ebene fast ohne Verzögerung abgerufen, und sie unterliegen allein einem primitiven Gefühlstest: „gefährlich" oder „nicht gefährlich". Noch bevor Ihr vernünftiges, rationales Ich mitbekommt, was passiert, hat Ihr primitives Ich schon Ihre lautstarke Attacke oder stumme Ergebung eingeleitet – die neuzeitlichen Pendants zu Speerwerfen und Sich-tot-Stellen, um das zum Sprung bereite Ungeheuer in die Flucht zu schlagen. Aus dieser Warte betrachtet, wird plausibel, warum Ihr unangemessenes Verhalten mit derartiger Heftigkeit und Schnelligkeit hervorbricht.

Sind Sie nach dem Vorfall verwirrt oder unsicher, warum Sie sich so verhalten haben? Entschuldigen Sie sich manchmal hinterher? Zumal angeborene Verteidigungsmanöver gewöhnlich mit in der Kindheit erlernten Regeln für korrektes Verhalten im Clinch liegen, wäre es überraschend, wenn Sie sich im nachhinein nicht schuldbewußt fragten: „Warum habe ich mich bloß so verhalten?" In Wahrheit dienen die meisten sozialen Verhaltensregeln der Hemmung von Impulsen, sich instinkiv zu verhalten. Diese Kontrolle funktioniert allerdings nicht immer, weil die Impulse stark sind *und* weil das ausdrückliche Freisetzen von Gefühlen, gepaart mit gelegentlichen Erfolgen unserer Wutausbrüche, in hohem Maße bestärkend wirkt.

Doch Angriffe auf Ihre psychologische Konstitution sind nicht die einzigen Umstände, die Ihr schwieriges Verhalten auf den Plan rufen können. Auch Stimmungsumschwünge, Streßbelastung, ja sogar vertraute Szenarios, die dieses Verhalten normalerweise begünstigen, sollten Sie auf Ihrer „Wann und wo ich auf der Hut sein muß"-Liste berücksichtigen.

Stimmungsumschwünge

Einige Menschen haben erhebliche Stimmungsschwankungen. Bei guter Stimmung überstehen sie selbst schlimmste Stürme, während bei schlechter Stimmung schon kleinere oder zufällige Mißgeschicke zornige Attacken oder Rückzugsmanöver provozieren können.

Nicht alle Stimmungsschwankungen entstehen in Ihrem Innern. Wenn Ihre Arbeit Zyklen unterliegt – Sie müssen z.B. an jedem Ersten einen umfangreichen Bericht oder wöchentlich ein Editorial oder jeden dritten Donnerstag die Verkaufszahlen des Monats abliefern –, werden Sie vermutlich um so gereizter, je näher der kritische Termin rückt. Egal, welchen Grund Ihre Stimmungsumschwünge haben – achten Sie jetzt besonders auf Ihr Problemverhalten. Fred Barker, Inhaber eines kleinen Produktionsbetriebs, drückt das so aus:

„Wissen Sie, ich hielt meine Stimmungstiefs nicht für so tragisch, bis ich mitbekam, wie meine Sekretärin sich am Telefon bei jemandem beklagte, das Schlimmste an der Arbeit mit ihrem Chef sei, daß er sich eine Woche wie Dr. Jekyll und die nächste wie Mr. Hyde verhielte. Wenn ich jetzt mißgelaunt und mürrisch bin, versuche ich, den Leuten so gut es geht vom Leib zu bleiben. Wenn ich es nicht vermeiden kann, etwa bei einer Besprechung, mahne ich mich ständig: 'Beiß' dir auf die Zunge. Es liegt nicht an ihnen, sondern an dir.'"

Streßüberlastung

Ein Übermaß an Streß veranlaßt viele Menschen, sich mental völlig zu verschließen. Das bedeutet, sie beschäftigen sich fast ausschließlich mit Alltagsaufgaben, die sie mit ihren gewohnten Basisfähigkeiten meistern können. Daran sollten Sie denken, wenn Sie, wie es die Herzkönigin in „Alice im Wunderland" ausdrückt, meinen, Sie müßten „schneller laufen, nur um auf der Stelle zu bleiben" oder wenn bestimmte Streßsymptome – Schlaf- oder Verdauungsstörungen, plötzliche Vergeßlichkeit, Verspannungen in Rücken, Beinen oder Nacken – Sie warnen, daß Ihr Körper sich in permanentem Alarmzustand befindet. Genau dann ist die Gefahr nämlich groß, daß Ihre Stärken sich in Schwächen verwandeln und Sie wieder in stures Festhalten an Dogmen, endlose Wortklaubereien oder Ihre „Tu's und halt' die Klappe"-Masche zurückfallen. Außerdem sollten Sie ernsthaft überlegen, ob Sie nicht eine gemächlichere Gangart einlegen und Ihre Prioritäten neu setzen müssten.

Vertraute Szenarios

Bestimmte Umgebungsbedingungen (Gerüche, Ansichten, Geräusche und andere Eindrücke) können tief verwurzelte Erinnerungen an frühere Niederlagen oder Desaster wachrufen. Ich erinnere mich noch gut an das Gefühl des Ärgers und Widerstands, das mich überfiel, als ich zu Beginn meiner Doktorarbeit das kleine Büro meines wichtigsten Professors betrat. Obwohl ich über 40, beruflich aktiv und erfolgreich war, versetzten mich sein Schreibtisch aus Eiche, die darauf verstreuten Studentenreferate und die zwei hochlehnigen Eichenstühle in das Büro meines Schulrektors zurück, wo ich als Junge Spott und Schmach ertragen mußte. So sehr ich mir in den nächsten drei Jahren Mühe gab, diese Umgebung machte mich einfach nervös, und ich bedaure noch heute, daß ich deshalb die Weisheit und Unterstützung meines Mentors nicht voll nutzen konnte.

Versuchen Sie, wichtige Gespräche, speziell wenn diese schon früher problematisch verliefen, nicht an Orten zu führen, die Ihr zu vermeidendes Verhalten provozieren. Wenn Sie beispielsweise wie Sally zum Besserwissertum neigen, sollten Sie wichtige Besprechungen außerhalb Ihres Büros abhalten, verführt Sie dieser Autoritätsstempel doch offenbar zu überheblicher Ungeduld mit der Inkompetenz anderer.

Schwieriges Verhalten in den Griff zu bekommen ist nicht grundsätzlich kompliziert – tatsächlich mögen Ihnen die gewählten Aktionsschritte sogar unspektakulär einfach vorkommen. Dagegen ist es viel schwieriger, genau einzugrenzen, wie und wann Sie Ihr Verhalten ändern sollten.

Was werden Sie anders machen und was nicht?

Beginnen Sie mit einer Lektüre Ihrer Feedbacknotizen, dann listen Sie jene Verhaltensziele auf, denen Sie sich besonders widmen wollen. Sie sagen Ihnen, womit Sie aufhören, was Sie seltener oder was Sie häufiger tun müssen. Sollten Sie Ihr Verhalten zügeln? Neue Techniken oder Fertigkeiten erlernen oder Wissenslücken schließen? Vielleicht müssen Sie auch nur einige Ihrer Schwachstellen durch die enge Zusammenarbeit mit einem Partner aufpäppeln, dessen Stärken genau hier liegen. Oder aber Sie müssen eine Kombination von allem anwenden.

Ersatzverhaltensweisen definieren

Betrachten Sie jedes Ihrer Ziele separat. Welche Worte und Handlungen wären in den Situationen, in denen Sie sich am häufigsten befinden, ein funktionierender Ersatz für Ihr Problemverhalten? Um gewohnheitsmäßige Reaktionen zu unterbinden oder Handlungsimpulse zu blockieren, müssen Sie über sozial akzeptierte Alternativen zu dem, was Ihr Kopf und Körper instinktiv wollen, verfügen. Auf diese Ersatzverhaltensweisen greifen Sie zurück, wann immer sich Ihr Problemverhalten, trotz aller Bemühungen, es unter Verschluß zu halten, Luft verschafft hat. Wenn Sie etwa gerade wieder ja gesagt haben, wo sie nein hätten sagen sollen, können Sie das Schlimmste vermeiden, indem Sie sich eines Tricks bedienen und sofort hinterherschicken „Das heißt, ich glaube, es ist in Ordnung, möchte aber noch kurz darüber nachdenken – ich gebe Ihnen in zehn Minuten Bescheid."

Ersatzverhaltensweisen funktionieren am besten, wenn sie Formelcharakter haben, das heißt, gründlich überlegt und einstudiert wurden, so daß Sie sie selbst in Momenten des Zorns, der Verwirrung oder Panik beherrschen. Achten Sie daher bei der Konzeption darauf, daß Ihr Ersatzverhalten mit Ihrem interpersonellen Auftreten und Ihren äußeren Attributen in Einklang steht.

Paßt zu Ihrem Auftreten

Ihr Ziel im Verhaltensmanagement besteht nicht darin, ein anderer Mensch zu werden, sondern nur einer, der weniger Ballast mit sich herumschleppt. Ihr Ersatzverhalten muß also Ihren Grundmotivationen und Einstellungen entsprechen. Wenn Sie ein aggressiver Mensch sind, der ohne langes Fackeln energisch auf seine Ziele zusteuert, darf die Methode, wie Sie mit Meinungsverschiedenheiten umgehen, keinen Beigeschmack von Passivität oder Unterordnung haben. Zwar würde eine passive Reaktion Ihrem aggressiven Image nicht zusätzlich Nahrung geben, aber das würde unnötigen Frust in Ihnen und Verwirrung bei Ihren Mitmenschen hervorrufen.

Besser beraten wären Sie mit einer Formulierung, die Ihre Autorität unangetastet läßt, sie aber für einen Rollentausch verwendet, indem Sie anderen nicht mehr sagen, was sie zu tun haben, sondern ihnen zuhören. Beispielsweise eröffnete eine der fähigsten Führungskräfte, die ich kenne, ein Mann mit gewaltigem Dominanzbedürfnis, jedes Teamtreffen mit folgender Ankündigung: „Ich möchte, daß alle Meinungen auf den Tisch kommen. Sie *werden* gehört, und sie *werden* akzeptiert. Daran werde auch ich mich halten, und ich erwarte, daß man mich darauf hinweist, sollte ich gegen diese Regel verstoßen." War er ein Autokrat? Ja. Schrieb er der Gruppe den Ablauf der Diskussion vor? Ja. Aber sein Ziel war die Anregung eines offenen Dialogs, und sein Verhalten zeigte den Vorsatz, dort, wo es darauf ankam, nicht einschüchternd zu wirken – ein Konzept, das aufging.

Doch Ihr Auftreten beruht nicht nur auf dem, was Sie sagen und bewußt tun. Eine bedeutende Rolle spielt auch die nonverbale Kommunikation, die Sie nur teilweise unter Kontrolle haben.

Nonverbale Kommunikation

Hier einige Merkmale nonverbaler Kommunikation, die Sie bei der Konzeption Ihrer Ersatzverhaltensweisen beachten sollten:

- Viele Gesichtsausdrücke sind untrennbar mit Wahrnehmungen von Gefahr oder Freude verbunden und daher kaum zu unterdrücken; sie kommen besonders bei starker emotionaler Beteiligung zum Vorschein. Es erfordert extreme Anstrengung, den Gesichtsausdruck von Emotionen zu befreien. Dieses Unterdrücken läßt Sie unter Umständen hölzern, kalt und undurchsichtig wirken.
- Sie nehmen Ihre Mimik schlechter wahr als andere. Das ist ein Grund, warum Ihre Mitmenschen Sie anders sehen und verstehen als Sie sich selbst. Sie sagen (und glauben es in dem Moment): „Ich beschuldige niemanden. Ich versuche lediglich herauszufinden, was passiert ist." Die anderen aber sehen Ihre zusammengekniffenen Augen, Ihr rotes Gesicht und Ihren zum Angriff vorgelehnten Körper.
- Über nonverbales Verhalten wird nur selten direkt geredet. Dialoge, denen es vorausging, drehen sich um Gefühle, die andere daraus ableiten, nicht um das Verhalten selbst. Beispielsweise sieht Ihr Partner Ihre gerunzelte Stirn und meint: „Du wirkst bedrückt." Ihre Antwort „Ich bin aber nicht bedrückt" beendet die Unterredung. Auf diese Weise wird die Schlußfolgerung Ihres Partners über die wahre Bedeutung Ihres Gesichtsausdrucks (daß Sie wütend waren) nie geklärt.

Zugegeben, das alles klingt wenig optimistisch. Warum sollten Sie sich bemühen, Dinge anders zu tun und auszudrücken, wenn Ihre Mimik und Körperhaltung ja doch Ihre wahren Gefühle verraten? Wenn nonverbales Verhalten unüberwindbar ist und der Versuch einer Tarnung nur ein Problem durch ein anderes ersetzt, hat es dann überhaupt einen Sinn, es ändern zu wollen?

Ich denke, die beste Antwort lautet: ja, in bestimmten Grenzen. Diese Grenzen sind Ihr Schauspieltalent und Ihre Bereitschaft, Ihre Präsentationsfähigkeiten zu manipulieren und zu üben (mehr dazu im nächsten Kapitel). Menschen können lernen – und tun dies ständig –, Emotionen darzustellen, die sich von ihren wahren Gefühlen unterscheiden, obwohl die Kopie meist weniger intensiv als das Original ausfällt.

Der wichtigste Punkt ist, daß Sie sich nicht zuviel vornehmen. Wählen Sie ein oder zwei Gesichtsausdrücke oder Gesten aus, die womöglich zu der negativen Wirkung Ihres korrigierbedürftigen Verhaltens beitragen, und versuchen Sie, diese Gewohnheiten abzustellen. Runzeln Sie Ihre Stirn, wenn Sie einfach nur konzentriert sind, und beschwören damit unbewußt verärgerte oder defensive Reaktionen herauf? Nicken Sie mit dem Kopf „ja", meinen aber „nein"? Fuchteln Sie mit dem Zeigefinger in der Luft herum, um Ihrer Aussage Nachdruck zu verleihen, und dringen damit in die persönliche Sphäre Ihres Gegenübers ein? Blicken Sie beim Zuhören aus dem Fenster statt auf den Sprecher? Diese und andere nonverbale Marotten lassen sich erfolgreich durch Ersatzverhaltensweisen substituieren, die den Schaden eindämmen oder reparieren. Wie immer besteht Ihr Ziel darin, neue Gesten zu finden, die Ihre wahren Gefühle ausdrücken – aber ohne den negativen Beigeschmack, der Ihre alten Gewohnheiten begleitete.

Rechnen Sie damit, daß sich einige Ihrer alten Gewohnheiten wieder einschleichen werden, wenn Sie gestreßt, unter Druck oder bewußt um Konzentration bemüht sind. Daher müssen Sie Ersatzverhaltensweisen ersinnen, die einen Rückfall sofort reparieren. Beispielsweise mögen Sie sich der Gedanken und Gefühle, die Ihr Fingerklopfen oder nervöses Gezappel auslösen, bewußt sein, aber Sie sollten auch Angriffs- oder Abwehraspekte entschlüsseln: „Wirke ich verärgert? Ich mache mir nur Sorgen wegen der Abgabefrist und frage mich, ob dieser Smalltalk uns schneller oder langsamer voranbringt." Der erste Teil der Aussage ist Ihre Ersatzverhaltensweise – eine sorgfältig ausgewählte und als automatische Reaktion auf den Anblick Ihrer trommelnden Finger einstudierte Formulierung.

Paßt zu Ihrem äußeren Erscheinungsbild

Karl Kahn, Geschäftsführer seiner eigenen Versicherungsagentur, war über 1,90 Meter groß und 102 Kilo schwer. Als ehemaliger Profi-Hockeyspieler bewegte er sich mit imponierender Eleganz, äußerte energisch seine Meinung und klagte, von lauter Jasagern umgeben zu sein. Wie sich herausstellte, war ein Hauptgrund hierfür seine Angewohnheit, Besprechungen mit der Floskel zu eröffnen: „Wir sollten...". Zumal er parallel zu diesem scheinbaren Gebot seine offene Hand seitlich über die Tischplatte gleiten ließ (ein Überbleibsel seiner Hockeykarriere?), nahmen seine Angestellten an, seine Entscheidung stünde auch ohne ihren Input fest. Nachdem sie ihre Marschbefehle empfangen hatten, hüteten sie sich davor, die Weisheit seiner Entscheidungen anzufechten, obwohl sie seine Entscheidungen insgeheim oft für dumm und unmöglich realisierbar hielten – ein Urteil, dem Karl im nachhinein oft ratlos beipflichten mußte.

In dem Glauben, dieses „kleine Kommunikationsproblem" leicht beheben zu können, ersann Karl Ersatzverhaltensweisen: Er würde sich in der Diskussion zurücknehmen und es mit „Was ich meine, ist..." statt dem alten „Wir sollten..." versuchen.

Einen Monat später lautete sein Klagelied: „Dr. Bramson, ich schaffe es einfach nicht, sanft und dezent zu wirken. Ich habe versucht, mich in meinem Stuhl zusammenzukauern, aber da macht mein ohnehin kaputter Rücken nicht mit. Ich habe meine Hände im Schoß gefaltet, aber wenn ich mich aufrege, klopfe ich von unten gegen die Tischplatte, und jeder glaubt, ich sei verrückt geworden. Wie gelingt es mir, meine Angestellten zu überzeugen, daß ich wirklich ihre Meinung hören will? Meine Ausdrucksweise zu ändern, reicht offenbar nicht."

„Es sieht also aus", faßte ich zusammen, „als ob – unabhängig von dem, was Sie sagen – Ihre Position als Chef und

Ihre generelle Präsenz 'Hergehört!' signalisieren. Klingt, als sei Ihre beste Alternative, Ihre Angestellten zum Widerspruch zu nötigen. Wie schaffen Sie das?" Das waren Karls Vorschläge:

- Saloppe Kleidung zumindest am Anfang der Besprechungen (Sakko ausziehen oder Pullover statt Sakko tragen).
- Bei Vorbringen eines Diskussionspunkts aufstehen, dann hinsetzen, sobald die Diskussion losgeht.
- Anweisung geben, daß sie meine Ideen auf Fehler durchleuchten, und das zum Leistungsbewertungskriterium erheben.
- Meine Verkaufsleiterin in meinen Plan einweihen und ihr Tips geben, wie sie mir widersprechen kann, auch wenn ich wütend werde.

Alle Ersatzschritte funktionierten gut, bis auf den ersten. Mit hochgerollten Hemdsärmeln und gelockerter Krawatte sah Karl nur noch imposanter aus. Der Punkt ist auch hier: Versuchen Sie nicht, passiv und ergeben auszusehen, wenn Ihre Größe, Statur und Ihr allgemeines Auftreten Stärke und Aggressivität ausstrahlen; und vermeiden Sie es umgekehrt, Anordnungen herausbellen zu wollen, wenn Ihre Stimme hoch und piepsig ist.

Worauf es bei Ersatzverhaltensweisen ankommt, verdeutlichen folgende Beispiele, die ich meinen Fallbeschreibungen entnahm (weitere Beispiele für Ersatzverhalten finden Sie in den Kapiteln 6 bis 9):

- Als Ersatz für „Tun Sie's einfach!" sagen Sie: „Moment, könnten Sie nochmal wiederholen, was Sie tun (sagen) wollten?"
- Von einem Kundendienstrepräsentanten verwendet, der verärgert aussah, wenn er nachdachte: „Runzele ich die Stirn? Das liegt daran, daß ich eine Entscheidung zu fällen versuche."
- Als Reparaturmaßnahme von einem Abteilungsleiter mit Talent zu beißendem Sarkasmus verwendet: „Das war

sarkastisch – ich wollte nur meinen Standpunkt durchsetzen."
- Als Ersatz für Nachgeben und Jasagen: „Tut mir leid, aber die Anweisung von oben lautet 'im Moment keine Gehaltserhöhungen.'" „...Na ja, wir könnten wohl eine Ausnahme machen." „Nein. Es geht einfach nicht."

Zwei Fragen, die wir bereits kurz angesprochen haben, tauchen an dieser Stelle erneut auf: Können Sie sich glaubhaft auf eine Art und Weise verhalten, die nicht mit Ihren Gefühlen und natürlichen Impulsen übereinstimmt? Und: Selbst wenn Sie es können, ist es moralisch akzeptabel?

Sind Ersatzverhaltensweisen moralisch akzeptabel?

Viele Menschen verbringen einen Großteil ihres Berufslebens damit, sich so zu verhalten, wie andere es ihrer Meinung nach von ihnen erwarten, und im allgemeinen ist ihr Rollenspiel überaus glaubwürdig. Mit einem guten Skript, reichlich Feedback und genügend Übung kann man eine neue Rolle so meisterhaft beherrschen, daß es zunehmend schwerfällt, den eingeübten Part vom wirklichen Selbst zu unterscheiden. Wenn Sie beispielsweise ein im Grunde schüchterner Mensch sind, sich aber zu einem begabten Referenten entwickelt haben, haben Sie festgestellt, daß Sie Selbstvertrauen und Gelassenheit vortäuschen können – und manchmal merken Sie inzwischen vielleicht sogar, Sie haben Spaß an der Sache.

Die Frage der Moral hängt für mich mit der Absicht zusammen. Ersetze ich mein natürliches durch ein erlerntes Verhalten, um Sie auszunutzen? Wenn ja, verhalte ich mich in der Tat unmoralisch. Verwende ich das Ersatzverhalten hingegen nur, um meinen Wert sowohl Ihnen als auch mir selbst gegenüber zu steigern, dann ist mein Verhalten nicht nur moralisch, sondern auch intelligent. Angenommen, ich finde heraus, daß meine Angewohnheit, aus dem Fenster zu blicken, während ich intensiv nachdenke, von meinen Klienten als Unaufmerksamkeit ausgelegt wird. Wenn es meine Absicht ist, daß sie mich für unaufmerksam halten, sollte ich weiterhin aus dem Fenster sehen. Will ich sie jedoch meiner Aufmerksamkeit versichern, so ist es nötig, daß ich statt aus dem Fenster auf ihre Augen, Münder oder Nasen blicke (den Unterschied merken sie nicht). Ich könnte ihnen aber auch erklären, daß es zeigt, wie sehr ich mich auf ihre Ausführungen konzentriere, wenn ich aus dem Fenster sehe. Beides sind Methoden zur bewußten Überwindung schwieriger Verhaltensweisen. Wenn ich fürchte, zwischendurch zu vergessen, meine Klienten statt einer schmutzigen Fensterscheibe anzusehen, sollte ich *beide* Ersatzverhaltensweisen in Reserve halten.

Die Aktionsplanung in der Praxis

Douglas Keely hatte das Glück, eine zweite Chance zu bekommen. Fest entschlossen, diese zu nutzen, machte er folgende Notizen zu seinem Aktionsplan:

Was ich aus dem Feedback gelernt habe

- Die beiden Kunden, die sich am meisten beschwert hatten, waren bereits in Rente oder kurz davor. Sie interessierten sich für gewinnträchtige Investments – und auf diesem Gebiet bin ich nicht besonders fit.
- Ich muß zugeben, damals stand ich ziemlich unter Streß. Deshalb habe ich mich kaum mit ihrem Investmenthintergrund beschäftigt.
- Millie, die mir gegenübersitzt, erwähnte, meine Antworten auf Kundenfragen ließen ziemlich viel Erklärungsspielraum zu. (Auf die Frage: „Wären Aktienfonds ein gutes Investment?" habe ich geantwortet: „Wissen Sie, alles hängt von der Konjunktur ab.") Auf meine Frage, ob sie damit höflich sagen wolle, daß ich ziemlich viel Mist erzählen würden, wenn ich um Antworten verlegen sei, er-

widerte sie: „Das auch." Sehr witzig, aber was meint sie?
- Mein Chef sagte, wenn ich mit ihm spreche, würde ich oft aus dem Fenster schauen, und wenn ich lächele, während er mir etwas zu erklären versucht (in der Regel etwas, was ich ohnehin schon weiß), sähe ich aus wie ein „Klugscheißer" (Muß ich im Spiegel überprüfen.)

Welche persönlichen Merkmale...?

- Ich bin jünger als alle meine Kunden. (Zumindest finde ich, daß ich jünger aussehe.)

Was habe ich anders gemacht in Situationen, in denen die Dinge gut liefen?

- Ich hatte einen tollen Termin mit einem Kunden. Er ist relativ jung; sein Ziel ist Wachstum, nicht Einkommen; und er war begeistert von meinem Vorschlag, seine Kleinaktien mit Metallaktien und internationalen Papieren zu mischen. Das interessiert mich selbst, und daher habe ich viel darüber gelesen. Fazit: Mach' dich schlau und bleib' auf dem laufenden, Dummkopf!

Was verleitet mich zum Schwierigsein?

- Auf Leute, die wichtig für mich sind, älter sind oder Autorität haben, will ich cool wirken.
- Wenn ich das Gefühl habe, von oben herab behandelt zu werden, ist es genauso – vielleicht noch einen Tick schlimmer.
- Kommen wir auf ein Gebiet zu sprechen, auf dem ich Experte sein sollte, es aber nicht bin, fällt es mir schwer zuzugeben: „Das weiß ich nicht, erkundige mich aber."

Was werde ich anders machen?

- Meine Kunden müssen mir vertrauen, daß ich trotz meiner Jugend weiß, was ich tue. Das schaffe ich, indem ich

mein Wissensspektrum auf ihre Bedürfnisse bezogen erweitere, d.h. mich über gewinnbringende Investments informiere.
- Statt Fragen mit Platitüden auszuweichen (mache ich das wirklich?), berate ich sie so gut wie möglich. Falls ich mich bei einer Platitüde ertappe, beende ich den Satz und ergänze „Aber in Ihrem Fall, denke ich, ist es sinnvoll..." – und dann gebe ich ihnen meinen bestmöglichen Rat.
- Ich muß meinen Kunden durch mein Verhalten zeigen, daß ich mich um ihre Belange kümmere:
  - keine Verallgemeinerungen, um mit meinem theoretischen Wissen anzugeben;
  - zuhören und mitdenken;
  - Kundendateien, besonders der älteren Kunden, studieren, auch wenn ich dafür Überstunden machen muß;
  - zu Beginn jedes Kundengesprächs viele Fragen stellen, um mich auf den Fall zu konzentrieren (und zu zeigen, daß ich mich für sie interessiere).
- Andere nicht abstoßen, indem ich arrogant klinge (und aussehe). Darauf achten, was mich dazu verleitet.
- Beim Zusammensein mit Kunden auf Vorurteile aufpassen, sie seien bestimmt dumm oder altersmäßig für ein solches Investment nicht geeignet. Wenn ich mich bei solchen Gedanken ertappe, aufstehen, das Fondsbuch herausholen und darin blättern, als sei mir gerade etwas Wichtiges eingefallen.

Nachdem Sie notiert haben – vorzugsweise stichwortartig und leicht verständlich –, was Sie verändern wollen, können Sie nun entscheiden, wie, wann und wo Sie damit anfangen.

Wie, wann und wo wollen Sie starten?

Das wichtigste Unterscheidungsmerkmal zwischen Menschen, die immer Erfolg haben (egal, was sie anfangen) und solchen, denen wenig gelingt, ist der Schwierigkeitsgrad der gesteckten Ziele. Permanente Mißerfolge werden durch Ziele verursacht, die entweder so einfach sind, daß ihre Verfolgung trivial erscheint, oder aber so anspruchsvoll, daß sie mit den zur Verfügung stehenden Mitteln unmöglich erreicht werden können. Erfolgreiche Menschen setzen auf moderate Ziele: gerade anspruchsvoll genug, um nach ihrer Verwirklichung ein Gefühl von Effizienz zu hinterlassen, und dabei bescheiden genug, um auch unter widrigen Umständen realisierbar zu sein. Da es fast nie leicht ist, sein eigenes schwieriges Verhalten in den Griff zu bekommen, sollten Sie diesen Punkt beherzigen und am Anfang höchstens zwei Ihrer Verhaltensziele ansteuern. Und Sie sollten Ihre Offensive unter günstigen Vorzeichen starten, so daß Sie mit einem ersten Erfolgsgefühl rechnen können. Der „Wie, wann und wo"-Abschnitt von Douglas Keelys Plan sah wie folgt aus:

- Mit Kunden zwischen 30 und 45 beginnen – schüchtern mich weniger ein (zwei Termine nächste Woche).
- Versuchen, den kleinen Konferenzraum zu reservieren, statt sie in meiner Bürozelle zu treffen.
- Was ich sagen und tun werde:
  - sie über ihre Ziele sprechen lassen, zuhören, Notizen machen;
  - aufpassen, daß ich sie nicht unterbreche; falls doch, sagen: „Bitte fahren Sie fort mit dem, was Sie sagen wollten";
  - neues, nicht arrogantes Lächeln vor dem Spiegel üben – heute abend anfangen.
- Eine gute Auswahl an Investmentfonds und Anlagen mit stabiler Rendite vorbereiten. Mich über ein Dutzend Industrie- und/oder Kommunalanleihen informieren.

Gemessen an Umfang und Komplexität der Liste mit Verhaltenszielen erscheint Douglas Aktionsplan ziemlich dürftig. Ging er etwa zu gnädig mit sich um?

Gewiß, würde sich sein Gesamtplan darauf beschränken, tiefer in die Details bestimmter Investments einzusteigen, wäre das zwar nützlich, würde ihn aber, was die persönlichen Aspekte seines Verhaltens angeht, kaum voranbringen. Und damit seine Bemühungen Nutzen bringen, müßte er sich auf eine breitere Palette von Kunden konzentrieren, vor allem auf ältere Kunden mit hohem Ansehen und grimmiger Miene. Bestimmt wird er auch den Konferenzraum nicht oft zur Verfügung haben und lernen müssen, in seiner Bürozelle Souveränität auszustrahlen. Trotzdem glaubte ich, diese ersten Schritte würden seine Zuversicht enorm bestärken, daß es ihm in der Tat möglich wäre, seine kleinen, ärgerlichen Verhaltensmängel auszumerzen.

Noch andere Gründe sprechen für einen besonnenen Start. Zum einen können extreme Änderungen gleich am Anfang, zumal wenn sie erfolgreich sind, Ihre Freunde – auch jene, die wollten, daß Sie sich ändern – zu paradoxen Reaktionen verleiten, um Sie sachte wieder zur „Normalität" zurückzubringen. („Du bist so ernst geworden. Was hast du vor: dich bei den hohen Tieren einschmeicheln und Vizepräsident werden?")

Zweitens helfen moderate Verhaltensziele bei der Beurteilung, wieviel Veränderung tatsächlich nötig ist, denn oft bewirkt ein bißchen weniger oder ein bißchen seltener einen entscheidenden Unterschied. Da Ihnen dieses ganze Unterfangen gewiß keinen Spaß macht, ist es ratsam, schrittweise vorzugehen und so Ihre Fortschritte präziser einzuschätzen.

Es gibt noch einen dritten, subtileren Grund, Ihre ersten Bemühungen moderat zu gestalten. Zwar sind die meisten schwierigen Verhaltensweisen vernünftige Reaktionen auf die Dornen und Barrieren des Lebens – schwierig nur wegen ihrer unbeabsichtigten Effekte –, sie können aber auch tiefere, emotionale Ursachen haben. Angenommen, Douglas Keelys gelegentliche Anflüge von Arroganz sind Symptome einer noch immer in ihm gärenden Rebellion gegen seine

Eltern. Einige Psychotherapeuten (diejenigen, die sich auf Langzeittherapien spezialisiert haben, natürlich) warnen, diese tieferliegenden Konflikte würden so lange keine Ruhe geben, wie man sie nicht gezielt anpacke. Douglas könne sich vielleicht sein anmaßendes Lächeln abgewöhnen, so ihre Behauptung, doch würden seine versteckten „Rutsch mir doch...!"-Impulse an anderer Stelle unvermutet wieder auftauchen.

Auf Nummer Sicher gehen Sie, indem Sie Ihre Verhaltensänderung häppchenweise über einen längeren Zeitraum verteilen. Sie verfügen somit über genügend Freiräume, um kritisch zu prüfen, ob Sie einen Symptomkomplex durch einen anderen ersetzt haben. Lautet Ihre Antwort „ja" oder „schon möglich", sollten Sie einen Therapeuten konsultieren, bevor Sie weitermachen. (Diese Frage wird in Kapitel 10 eingehender behandelt.)

Wie wissen Sie, ob Sie Fortschritte gemacht haben?

Da die Möglichkeiten, sich zu ändern, uferlos sind, sollte Ihr Plan Etappenmarker enthalten, die Ihnen mitteilen, wann Sie guten Gewissens aufhören können. Vermeiden Sie allgemeine Formulierungen wie „Wenn meine Kunden mich als ernsthaft bewerten". Statt dessen beschreiben Sie so genau wie möglich, woran Sie das angestrebte Stadium erkennen, zum Beispiel: „Wenn binnen sechs Monaten höchstens einer meiner Kunden um einen anderen Investmentberater bittet." Weitere Beispiele:

- „Wenn ich 80 Prozent meiner Anrufe erwidere – wenigstens an vier von fünf Tagen."
- „Wenn Kunden, die Beschwerden hatten, mir am Ende danken statt defensiv zu werden."
- „Wenn mein Chef registriert, daß ich besser zuhöre."

- „Wenn mein Temperament zwei Wochen am Stück nicht mit mir durchgeht."
- „Wenn die Kommiteemitglieder, die mir an den Kragen wollten, nicht mehr von mir sprechen."

Wen können Sie zur Unterstützung heranziehen?

Es ist hilfreich, obwohl nicht unerläßlich, einen Menschen zu haben, der Ihnen in Momenten des Zweifels, die nun einmal jede schwierige Aufgabe begleiten, ein offenes Ohr leiht oder Ihre Perspektive objektiviert. Der Haken: Sofern sie über die richtigen Eigenschaften verfügt, kann diese Person sehr hilfreich sein; wählt man sie indes falsch aus, kann sie Ihre Fortschritte stören, ja sogar vollends vereiteln. Nehmen Sie sich daher die Zeit, um Ihre Kandidaten im Vorfeld nach bestimmten Kriterien zu durchleuchten und sich die Person zu merken, die diese Kriterien am besten erfüllt. Vielleicht machen Sie sich dazu auch Notizen.

Ein Versäumnis kann Sie verleiten, je nachdem, ob Ihre ersten Bemühungen positiv oder negativ verliefen, beim Nächstbesten Anerkennung oder Trost zu suchen. Wenn sich diese Person dann beispielsweise als einer jener liebenswerten Zeitgenossen herausstellt, die Sympathie mit Unterstützung zu verwechseln, oder als Zyniker, der denkt, Menschen könnten sich unmöglich ändern, verschenken Sie die unwiederbringliche Chance, aus Ihren ersten Erfahrungen zu lernen, und hängen Ihr Programm womöglich vorschnell an den Nagel.

Das nächste Kapitel zeigt verschiedene Wege auf, wie Sie diese Person als „Coach" verwenden und Ihren Chef – und Ihre Untergebenen, falls vorhanden – einspannen können, um noch mehr Unterstützung und Feedback zu erhalten, die Ihren Lernprozeß beschleunigen. Verwenden Sie folgende Kriterien, um zu entscheiden, welchen Menschen aus Ihrem Freundes–, Familien- oder Kollegenkreis Sie zur Unterstützung heranziehen wollen:

- Sie respektieren die Kompetenz dieser Person, obwohl ihre Fähigkeiten und Erfahrungen nicht unbedingt etwas mit Ihnen zu tun haben müssen.
- Sie vertrauen ihr, daß sie niemandem den Inhalt Ihrer Gespräche weitererzählt, wenn Sie sie darum bitten.
- Dieser Mensch ist Ihnen gegenüber offen und direkt, wenn Sie ihm klar gemacht haben, daß das Ihr Wunsch ist.
- Er kann zuhören, das heißt, er fällt Ihnen nicht ins Wort, überrollt Ihre Aussagen nicht mit eigenen Vorschlägen und drängt sich auch sonst nicht in den Vordergrund.
- Dieser Mensch ist nicht kritikversessen; mit anderen Worten: Seine Sätze sind nicht mit „Du solltest...", „Du müßtest..." oder ähnlichen Anweisungen gespickt. Statt allgemeiner Lebensweisheiten – „Man darf sich niemals ausnutzen lassen" – macht diese Person konkrete Vorschläge, wie Sie sich in einer beschriebenen Situation klüger hätten verhalten können.
- Ein gewisser Sinn für Humor hilft immer.
- Wenn Sie zwischen mehreren Kandidaten wählen, halten Sie Ausschau nach jemandem, der einen Gegenpol zu Ihnen bildet; also zum Beispiel nach einer introvertierten Person, wenn Sie extrovertiert sind – immer unter der Prämisse, daß Sie ihre allgemeine Kompetenz respektieren.

Nachdem Sie die geeignete Person gefunden haben, testen Sie Ihre Kompatibilität durch Darlegung der Grundzüge Ihres Plans. Diese Information benötigt Ihr künftiger Coach, um Sie besser beobachten und wertvolles Feedback liefern zu können. Wichtiger noch: Durch detaillierte Erläuterung Ihres Vorhabens entwickeln Sie ein Gefühl für Ihre Bereitschaft, vollkommen offen zu sein und seine Hilfe in Anspruch zu nehmen, während Sie weiter in das in Ihrem Plan skizzierte Neuland vordringen.

Nachdem Sie Ihren Aktionsplan fertiggestellt und ein oder zwei Verbündete gewonnen haben, sind Sie nun bereit, in Aktion zu treten. Kapitel 4 enthält Hinweise, wie Sie das sicher und effektiv tun.

4.
In Aktion treten

„Da saß ich also", meinte Sally zu Frank, ihrem Gatten und Coach, „um mein neues, einsichtiges Selbst bemüht, als mir der Kragen platzte. Ich saß in meinem Büro und hörte geduldig zu, wie mein Kollege lamentierte, die neue Software sei lange nicht so einfach zu bedienen wie die alte, und dachte bei mir: 'Um Himmelswillen, hör' auf zu jammern und lerne lieber, wie du sie benutzt.' Und als er dann anfing", erzählte Sally seufzend, „mit 'Ich hab' dir ja gesagt, das neue Statistikprogramm ist eine Fehlentscheidung', brannte mir die Sicherung durch. Ich legte los mit einer Gardinenpredigt, beugte mich vor, vermutlich mit wild funkelndem Blick – die ganze selbstgerechte Unfehlbarkeitskiste."

„Was hast du getan, um dich am Riemen zu reißen?", fragte Frank.

„Oh, vielen Dank für das Vertrauen, leider war ich ziemlich ungeschickt. Als ich merkte, was ich tat, verstummte ich auf der Stelle, saß einfach da und starrte meine Hände an – mein Gehirn war absolut leer. Mein Kollege dachte wohl, ich hätte nicht mehr alle Tassen im Schrank; stand auf und ging zur Tür. Also stammelte ich irgend etwas von wegen 'Was ich sagen wollte, ist, ich weiß, es ist schwierig, aber bleib' am Ball.' Er stoppte nicht mal, ging einfach raus."

„Nun, das war vielleicht nicht sehr elegant", sagte Frank, „aber wenigstens hast du dich überhaupt besonnen."

„Vermutlich hast du recht", seufzte sie, „ich wünschte nur, ich hätte am Ende nicht wie eine Idiotin dagesessen. Ich hätte wohl ein paarmal hinter verschlossenen Türen üben sollen, bevor ich diese Verhaltensänderungsgeschichte im echten Leben ausprobiere."

Ein Leben lang einstudierte Verhaltensmuster zu ändern ist in der Regel nicht so mühsam, wie es zunächst scheint, aber es ist auch niemals einfach. Erstens versuchen Sie ein Verhalten zu ändern, daß im Laufe Ihres Lebens immer wieder gelernt und bekräftigt wurde. Zweitens erschien Ihnen Ihr altes Verhalten sinnvoll, denn es entsprach Ihren Gefühlen. Was ist logischer, als die Geduld zu verlieren, wenn jemand nicht aufhört, über längst getroffene Entscheidungen zu lamentieren? Drittens veranlaßt Sie die Erkenntnis, daß Sie genau das tun, was Sie sich vorgenommen haben, *nicht* zu tun, meist auf ein Ersatzverhalten umzuschalten. Sie sind also nicht nur zu einer neuen Reaktion gezwungen, sondern müssen diese auch noch quasi mitten in der Unterhaltung „aus dem Ärmel schütteln".

Glücklicherweise bessert sich all das mit etwas Übung und der Hilfe der folgenden sechs Tips, die Sie bei Ihrer Verhaltensänderung beherzigen sollten:

Mentales Proben

Mentales Proben ist ein bewährtes System zur Linderung sowohl der Nervosität als auch der Unbeholfenheit, die mit dem Erlernen neuer Fähigkeiten einhergehen. Es beruht auf zwei Ansätzen. Auf der einen Seite handelt es sich um eine Art Desensibilisierung, bei der Menschen, die zum Beispiel unter Schlangen–, Spinnen- oder Höhenphobie leiden, zur Befreiung von diesen Ängsten in sicherer Umgebung wiederholt mentalen Bildern ihres Angsterzeugers ausgesetzt werden. Das funktioniert, weil mentale Bilder oftmals die gleichen physiologischen Reaktionen wie die reale Situation auslösen.

Der zweite Ursprung liegt in der hinlänglich bewiesenen Erkenntnis, daß man frisch erworbene Fähigkeiten verbessern kann, indem man sich vorstellt, sie immer wieder zu üben. Dieses mentale Üben ist zwar kein Ersatz für ein tatsächliches Training, doch laut Charles Garfield, der Spitzenleistungen in Sport, Geschäftsleben und Wissenschaft untersucht hat, wirkt die Visualisierung schwieriger Herausforderungen leistungssteigernd und angstverringernd.

Das Angenehme daran ist, daß diese Methode immer wirkt, auch wenn sie nur halbherzig eingesetzt wird. Es hilft Ihnen in jedem Fall, wenn Sie sich eine vergangene fehlgelaufene Interaktion ins Gedächtnis rufen und sich aus Ihrer jetzigen Perspektive ein neues Verhalten vorschreiben. Statt stumm zuzustimmen, wenn Ihre Teamkollegin sagt „Mein Plan ist in Ordnung, nicht wahr? Machen wir Schluß für heute!", hören Sie sich im Geiste erwidern „Nein, der Meinung bin ich nicht!", und damit rufen Sie Ihr Ersatzverhalten auf den Plan.

Sie profitieren jedoch um so mehr, je systematischer Sie vorgehen. Visualisieren Sie als erstes die Kulisse der Interaktion. Spielen Sie die Szene nun Schritt für Schritt gedanklich durch – beginnen Sie mit einer typischen Situation, die Sie in der Vergangenheit immer wieder in Schwierigkeiten gebracht hat. Lassen Sie sich von den aufsteigenden Gefühlen überrollen, die dann wieder abebben. Notieren Sie Veränderungen Ihrer Herzfrequenz, Ihrer Atmung und Ihrer Muskelspannung, speziell in jenen Muskeln, in denen sich Ängste oder Ärger vorzugsweise manifestieren.

Während Sie diese Gefühle durchleben, benutzen Sie verschiedene Entspannungshilfen, beispielsweise Tiefenatmung über das Zwerchfell mit langsamer Ausatmung. Dann begeben Sie sich mental zum nächsten Schritt, bis Sie sich sicher ans Ende der Interaktion manövriert haben.

Ihre Visualisierungssequenz könnte mit einem Bild beginnen, wie Ihr Team lange Zeit stumm vor sich hinstarrend dasitzt, bis Ihnen die Geduld reißt. Vielleicht neckt Sie jemand wegen Ihrer „Theaterprobe", und Sie bebachten sich, wie Sie die Kontrolle verlieren, konfus werden und dann auf eine Ihrer bewährten Ersatzverhaltensweisen zurückgreifen. Wenn Sie zwischendurch unkonzentriert werden, entspannen Sie kurz, und beginnen Sie von neuem. Zwingen Sie sich, diese Sequenz einige Male durchzuspielen, bis das Happy-End allmählich langweilig wird. Denn darum dreht sich bei der Desensibilisierung schließlich alles, nicht wahr?

Die schrittweise Verhaltenskontrolle

Die meisten schwierigen Unterfangen bewältigt man am besten, indem man schrittweise vorgeht. Zum einen gibt das erfolgreiche Meistern eines Schritts Selbstbewußtsein und Auftrieb für den nächsten. Wichtiger noch: Sie fühlen sich nicht so leicht überfordert, wenn Sie sich nur auf den nächsten Schritt konzentrieren müssen. Schrittweise Verhaltenskontrolle ist eine Technik, die Ihr Verhaltensmanagement in acht separate, aber verwandte Teilschritte gliedert: den Rückfall realisieren; die Bremse anziehen; mit Manierismen Ersatzverhalten vorbereiten; auf Ersatzverhalten umschalten; Auslöserfaktoren identifizieren; den Änderungsplan durchführen.

Den Rückfall realisieren

Genau wie Sally sich erst mitten in ihrer „Gardinenpredigt" ertappe, realisieren auch Sie meist zu spät, daß Ihr altes Problemverhalten Sie überlistet hat. Sie merken die Überheblichkeit Ihrer Stimme oder sehen, wie Ihre Finger vor der Nase Ihres Gegenübers emphatisch in der Luft herumstochern. Oder Sie sind erschüttert vom niedergeschmetterten Klang Ihrer Stimme, während Sie sich murmeln hören „Ja, in Ordnung", obwohl Sie wissen, daß Sie sagen sollten: „Nein, das geht einfach nicht."

Manchmal kann die Rückkehr zu altem Problemverhalten so subtil sein, daß Sie eher durch die Reaktion anderer darauf gestoßen werden, statt sich selbst Ihres Verhaltens oder Ihrer Gefühle bewußt zu sein. Hier ein Beispiel:

James Tillson, ein erfolgreicher Englischprofessor, war bestürzt, als er hörte, wie seine Studenten ihn beschrieben: „Manchmal interessant, manchmal langweilig, hin und wieder dogmatisch." Nachdem er das Feedback seiner Frau und eines couragierten Referendars eingeholt hatte, wußte er, was zu diesen Kommentaren geführt hatte. Wenn ein Student eine Frage stellte, beantwortete er diese nicht nur, sondern benutzte sie, um dem Fragesteller und dem Rest des Kurses eine Lektion über Hintergründe und allgemeine Ideologie des aufgeworfenen Themas zu erteilen. Professor Tillson fand es extrem schwierig, den Moment zu erkennen, in dem er von einer abgerundeten Antwort in eine Wissensüberfütterung abglitt – für ihn interessant, für den Kurs irrelevant. Einige besonders wache Studenten, die ihm schon zu Semesterbeginn aufgefallen waren, behielt er von da ab während der Vorlesung im Auge, so konnte er sehen, wann „manchmal interessant" in „manchmal langweilig" umschlug und wann er zu Schritt 2 übergehen mußte – die Bremse anziehen.

Die Bremse anziehen

In dem Moment, in dem Sie erkennen, daß Ihr Problemverhalten sich zu Wort meldet, sollten Sie die Bremse ziehen. Brechen Sie Ihr Verhalten abrupt ab – wenn nötig, mitten im Satz. Auch wenn dadurch eine unnatürliche, unerklärbare Pause in der Interaktion entsteht – die Sallys Kollegen so verwirrte. Tun Sie es trotzdem. Denken Sie daran, Sie versuchen, ein tief verankertes Gewohnheitsverhalten unter Kontrolle zu bekommen, das durch eine Vielzahl von Emotionen angestachelt und oftmals als der Situation angemessen legitimiert wird, zum Beispiel mit dem Satz: „Er verdiente, angeschrien zu werden."

Komplizierte Strategien können in diesem Stadium mehr schaden als nutzen, indem sie Ihre Emotionen zusätzlich schüren – eine Art Gebrauchsanweisung für impulsives, unangemessenes Verhalten. Unter diesen Umständen besteht die simpelste Methode der Kontrollrückgewinnung darin, sofort zu schweigen. In der Praxis versuchen Sie eine sozial akzeptable Variante zu finden, die Ihr Verhalten unterbricht.

Ein Segen ist die Tatsache, daß viele Menschen, denen Stille Unwohlsein bereitet, in die Bresche springen und munter drauflosplappern, was Ihnen eine Verschnaufpause gewährt, um zum nächsten Schritt überzugehen.

Ersatzverhalten vorbereiten

Einfache Signalhandlungen sind ein gutes Hilfsmittel zur Unterstützung bzw. Rückgewinnung Ihrer Kontrolle. Unter anderem habe ich folgende Verhaltensweisen beobachtet: Uhrglas der Armbanduhr oder Lieblings-Schreibutensil berühren, verstohlen auf Holz klopfen (jenes jahrhunderalte Ritual zur Abwehr von Unheil), Yogaatmung (über das Zwerchfell), am Ohrläppchen zupfen, Brille höher auf den Nasenrücken schieben, Zigarette anzünden.

Diese Handlungen erfüllen mehrere Zwecke. Sie lösen die Spannung. Sie zeigen, daß Sie Ihr ungewolltes Verhalten unter Kontrolle bringen, *etwas tun* können, das Ihnen ein Gefühl der Kontrolle gibt. Außerdem erinnern sie Sie daran, den nächsten Schritt vorzubereiten und das als Teil Ihres Aktionsplans konzipierte Ersatzverhalten einzuleiten.

Wichtiger noch: Geplante Übersprunghandlungen, wie diese kleinen Ticks seit Freud genannt werden, helfen, einem seltsamen Phänomen vorzubeugen, das speziell Leute befällt, die sich fest vorgenommen haben, etwas *nicht* zu tun. Ein häufiger peinlicher Vorfall („Nein, ich werde keinen Wein verschütten – hoppla!") enthüllt eine frustrierende Ironie, die vielen Versuchen mentaler Kontrolle gemein ist: Die intensive Konzentration darauf, etwas nicht zu tun, kann eben dieses Verhalten, das Sie vermeiden wollten, auslösen. Dieser Effekt ist bei starker mentaler oder emotionaler Belastung besonders oft zu beobachten – also in genau der Situation, in der Sie stecken, wenn Ihr schwieriges Verhalten auftritt. Durch Konzentration auf eine einfache Handlung, die Ihre kognitive Last vorübergehend schmälert, verringern Sie

Ihr Risiko, daß Sie sich bereits beim Dakapo ertappen, während Sie gerade bedauern, Ihre Teamkollegen barsch angefahren zu haben.

Auf Ersatzverhalten umschalten

Nachdem Sie verstummt sind und sich durch Berühren Ihrer Uhr gesammelt haben, besitzen Sie jetzt wieder die Kontrolle und sind bereit, auf das in Ihrem Plan vorgesehene Ersatzverhalten umzuschalten. Das ist zumindest die Theorie. Leider laufen die Dinge im Eifer des Gefechts oft anders. Die wutentbrannte Sally hatte ihr Ersatzverhalten („Wie kann ich dir helfen?") völlig vergessen und war lange – zweifellos zu lange – unfähig, irgend etwas zu sagen.

Lektion 1

Wenn Sie in diesem schrittweisen Prozeß die Orientierung verlieren, schweigen Sie. Zugegeben, der Kollege war auf dem Weg aus der Tür und hatte Sallys Versuch, in letzter Minute doch noch halbwegs vernünftig zu klingen, womöglich gar nicht gehört. Trotzdem war das für sie ein erster Sieg, denn sie hatte gelernt, die Kontrolle zurückzugewinnen und den Schaden zu begrenzen. Das führt uns zu:

Lektion 2

Jede Ersatzreaktion bringt Ihren Veränderungsprozeß voran, auch wenn dieser nicht so glatt läuft, wie Sie es gerne hätten. Sallys „Was ich sagen wollte..." war sicher nicht besonders elegant, zeigte ihr aber, daß sie in der Lage war, auf Konfrontationen mit etwas anderem als wütenden Wortgefechten zu reagieren. Wäre es ein schlimmer Rückschlag gewesen, hätte Sallys Schweigen angedauert, bis ihr Kollege ganz aus dem Zimmer war? Ganz und gar nicht! Wie später in diesem Kapitel noch genauer zu sehen sein wird, unterliegen selbst erfolgreiche Änderungsbemühungen Höhen und Tiefen.

Auslöserfaktoren identifizieren

Finden Sie sobald wie möglich nach Auftreten Ihres ungewollten Verhaltens ein paar ruhige Momente, um auf das Geschehene zurückzublicken und so präzise wie möglich zu identifizieren, welche Ereignisse und Gefühle Ihrem Problemverhalten vorausgingen. Erkennen Sie eine der bedrohlichen Situationen wieder, die Sie bei der Entwicklung Ihres Aktionsplans identifiziert haben? Wie fühlten Sie sich, unmittelbar bevor Ihr altes Problemverhalten Sie überrollte? Je besser Sie verstehen, wie die Verbindung zwischen Ihren Gefühlen und Ihrem Verhalten funktioniert, um so eher sind Sie in der Lage, Ihr Problemverhalten abzuwehren, bevor es sich voll entfaltet. Natürlich schützt Sie die Kenntnis Ihrer emotionalen Verletzbarkeiten allein noch nicht vor den negativen Effekten, aber ein gesteigertes Bewußtsein kann Sie alarmieren, daß Ihre Lieblings-Defensivtaktik bereits im Hinterhalt lauert.

Sally hatte an sich eine ungewöhnlich starke Antipathie gegen Leute registriert, die „lamentieren, statt zu arbeiten". Zwar war sie sich der Verbindung zwischen ihrem besserwisserischen Beiseitefegen von Einwänden ihres Teams und dessen Beschwerden bewußt, doch ihre Einsicht, genau das Verhalten, das sie am meisten provozierte, mitverschuldet zu haben, machte den Beschwerden natürlich noch kein Ende. Trotzdem war Sally zuversichtlich, keinen plötzlichen Attacken berechtigter Wut mehr zu erliegen.

Leider behielt sie Unrecht. Sie hatte eindeutig das Talent mancher Leute für brillant getimte Jammertiraden unterschätzt – und schon befand sie sich wieder mitten in einer „Gardinenpredigt". So entmutigend der Vorfall auch war – Sally profitierte von ihrem ersten wackeligen Versuch, ihren Hang zu wütenden Wortgefechten zu bremsen. Ihr wurde klar, daß ihr Vorhaben größere Aufmerksamkeit erforderte, als sie zunächst annahm. Und als ich ihr dieses Mal mentales Proben zur Vorbereitung auf die reale Situation empfahl, hörte sie mir zu.

Den Änderungsplan durchführen

Bis jetzt beschränkten sich Ihre Bemühungen darauf, altes Problemverhalten im Zaum zu halten und durch Worte und Handlungen zu ersetzen, die, angepaßt an Ihr Auftreten und Vorhaben, besser auf Ihre Verhaltensziele abgestimmt sind. Nachdem Sie sich jetzt zutrauen, Ihr Ersatzverhalten bei Bedarf abzurufen, müssen Sie sich nun die anderen Elemente Ihres Plans vergegenwärtigen und umsetzen, was Ihnen angemessen erscheint. Vielleicht verlangt Ihr Plan, daß Sie die Gestaltung Ihrer Teamtreffen ändern, an Trainingskursen für aktives Zuhören teilnehmen oder Ihren Kleidungsstil an Ihr neues Verhalten anpassen.

Lernprozesse verlaufen in unregelmäßigen Phasen. Selbst bei simplen Formen mechanischen Lernens (etwa beim Auswendiglernen von Zahlenreihen) lassen die anfangs rasanten Fortschritte nach, sobald längere Zahlenreihen behalten werden sollen, und erreichen irgendwann ihren Höhepunkt, an der das Gedächtnis an seine Grenzen zu stoßen scheint. Doch auch danach steigt die Lernkurve oft noch ein kleines Stück an. Bei den ungleich komplexeren Lern- oder genauer *Verlern*prozessen, mit denen wir es hier zu tun haben, sind diese Höhen und Tiefen noch ausgeprägter. Nicht nur, daß Ihre Anfangsversuche unbeholfen sind, wie bei ichbezogenen Vorhaben regelmäßig der Fall; Sie müssen auch mit Rückschlägen und Ausrutschern rechnen, denn Ihre alten Verhaltensweisen werden sich wieder zu Wort melden – oft gerade dann, wenn Sie glaubten, sie für alle Zeiten ausradiert zu haben.

Höhen und Tiefen der Veränderung bewältigen

Hier einige interessante Tagebucheintragungen, die Sally in den ersten Wochen ihres Änderungsprogramms vornahm:

6. September: Einem Kollegen, Terry, gegenüber die Nerven verloren, dann die Situation halbwegs gerettet.
9. September: Teamtreffen, Martins Bericht über die Ridewell-Kundenumfrage gehört. Unvollständige Analyse. Habe mir auf die Zunge gebissen. Morgen früh Termin mit ihm vereinbart.
13. September: Wollte Jack (Verkaufsdirektor) über die Grundzüge von Fokusgruppen „unterrichten". Sah seine Ungeduld. Endete mit: „Na ja, du weißt so gut über Fokusgruppen Bescheid wie ich." Darauf lächelte er.
21. September: Schleuderte Kuli über den Schreibtisch, als mein Kollege Terry wieder von der neuen Software anfing. Sagte: „Tut mir leid, ich dachte, das Thema hätten wir durch. Wie kann ich dir helfen?" Er sah trotzdem eingeschüchtert aus. Vermutlich hatte ich meinen grimmigen Blick. Schwierig!!
23. September: Beim Teamtreffen zwanzigminütige Lektion erteilt. Verdammt!! Jemand fragte: „Bist du sauer auf uns, Sally?" Ich murmelte etwas, wir beendeten das Treffen.
1. Oktober: Mein Kollege zog schon wieder über das neue Programm her. Ich fühlte, wie die Wut in mir hochstieg, sagte aber nur: „Kann ich dir irgendwie helfen?" Er nannte ein bestimmtes Problem – ich verwies ihn an Mary (EDV-Abteilung). Gut gemacht!!!
9. Oktober (Samstag): Mein Chef rief mich zu Hause an: Wo mein Monatsbericht sei? Ich sagte ihm, er solle seine blöde

Sekretärin fragen. Stille. Korrigierte mich: „Ich meine, ich habe ihn am Freitag gegen halb fünf bei ihr auf den Tisch gelegt." Schweigen. Ich sagte: „Schönes Wochenende noch" und legte auf.

11.Oktober: Beim Chef nachgefragt, ob er meinen Bericht bekommen hat. Hatte er. Er sagte (die Tür war zu): „Sie mag blöd sein, aber eine andere habe ich nicht." Ich entschuldigte mich. Er sagte: „Ich weiß, Sie bemühen sich, Sally, und meistens machen Sie Ihre Sache ganz gut. Weiter so."

Hier einige Vorschläge, wie Sie mit den allgegenwärtigen Höhen und Tiefen besser fertigwerden.

Wie Sally tragen Sie Ihre Ersatzformeln mitunter direkt auf der Zunge und lavieren sich so erfolgreich durch Situationen, in denen Sie früher wütend, verwirrt oder einfach blind waren. Genauso wahrscheinlich ist es, daß auch Sie Kollegen, Mitarbeiter oder Vorgesetzte haben, deren bloße Existenz ausreicht, um genau das Problemverhalten in Ihnen zu wecken, das Sie so angestrengt bekämpfen. Da Ihre Reaktionen auf die kleinen Siege und mehr noch die unvermeidbaren Rückschläge das Engagement, mit dem Sie Ihr Programm betreiben, beeinflussen, müssen Sie verstehen, warum Fortschritte fast immer unregelmäßig verlaufen, und lernen, sich sowohl von den Höhen als auch von den Tiefen nicht ablenken zu lassen.

Stellen Sie sich diese Rückschläge als Fallen vor, die Sie wachsam zu umgehen versuchen und aus denen Sie sich mühsam befreien, sollten Sie doch einmal hineintappen, die Sie aber niemals von Ihrem Pfad abbringen, der Ihr neues Verhalten bald genauso natürlich für Sie sein läßt wie ihr altes. Die gängigsten Fallen sind höhnische Reaktionen anderer; eine übertrieben optimistische Einschätzung Ihrer Fortschritte; Ungeduld, weil Ihre Änderung zuviel Zeit erfordert; perfektionistische Reaktionen auf Rückschläge; versteckte Ängste, Sie könnten sich tatsächlich bessern; externe Streßfaktoren und mangelnde Anerkennung.

Höhnische Reaktionen

Ein faszinierender Aspekt bei allen Persönlichkeitsveränderungen ist die Art und Weise, wie Freunde, Familie und Kollegen – die sich oft am heftigsten über Ihr altes Verhalten beklagt haben –, die erfolgten Veränderungen torpedieren. Etwa zwei Monate nach Beginn ihres Verhaltensmanagement-Programms kam es zu folgender Unterhaltung zwischen Sally und (Sie ahnen es) dem ewigen Nörgler-Kollegen Terry:

TERRY: „Was soll dieses ganze 'Wie kann ich dir helfen?'-Gesülze? Ich versuche hier, ganz normal mit dir zu reden. Haben sie dir das letztes Jahr in deinem Charme-Seminar beigebracht?"
SALLY: „Verdammt, Terry... Ich meine genau, was ich sage: 'Was kann ich im Augenblick für dich tun, um dir zu helfen?'"
TERRY: „Wie beruhigend, daß offenbar doch noch ein Funke Leben in dir steckt."
SALLY: „Ich habe einfach eingesehen, daß es nichts bringt, Leute ständig anzufahren."
TERRY: „Weißt du, man mußte kein Genie sein, um zu erkennen, daß du die letzte Zeit nicht du selbst warst. Vergiß all diesen Psycho-Krempel und sei einfach wieder die Sally, über die wir uns so liebend gerne aufregen."

Kompetenz sollte man anerkennen, wann immer sie sich einem offenbart. Mit sicherem Experteninstinkt hatte Terry Sally als stümperhafte Scharlatanin entlarvt, die überredet worden war, ein paar in einem Charme-Seminar erlernte Tricks an ihrem loyalen, hart arbeitenden Team auszuprobieren. (Das „Charme-Seminar", von dem der Kollege sprach, war ein Managementseminar, das Sally im Vorjahr belegt und in dem sie viel über Produkt- aber kaum etwas über Mitarbeitermanagement gelernt hatte.) Sally berichtete später, in der folgenden Nacht zwischen Schmach und Zorn auf ihren Kollegen, ihren Chef und mich (weil ich sie in die Schlangengrube gestoßen hatte) wachgelegen zu haben. Als wir uns eine Woche nach dem Intermezzo mit ihrem Kollegen trafen, war sie immer noch verwirrt.

„Vielleicht hat er ja recht", fragte sie sich, „was ich hier abziehe, ist wirklich künstlich."

„Waren Sie mit Ihrem natürlichen Verhalten etwa besser bedient?" hakte ich nach.

„Ich hasse es, wenn Sie so sind – so selbstgefällig –, aber nein, war ich nicht, und wenigstens machte 'Wie kann ich dir helfen?' dem Lamentieren dieser Nervensäge ein Ende – künstlich oder nicht."

Warum versuchte ihr Kollege zu torpedieren, was er eigentlich hätte begrüßen sollen? Solche Reaktionen auf die positiven Veränderungen anderer wurden in den Familien von psychisch Kranken auf dem Weg zur Heilung vielfach beobachtet („Wir wollten doch nur, daß sie keine Wahnvorstellungen mehr hat, aber diese Psychiaterin hat sie so aufgehetzt, daß sie ihr Leben jetzt selbst in die Hand nehmen will.") Häufig wird so auch auf Änderungsbemühungen an Körper und Lebensführung reagiert. („Ein paar Kilo abnehmen, war ja in Ordnung, aber jetzt übertreibst du es mit deiner Diät. Lebe ein bißchen!").

Das offenkundigste Motiv für diese „freundlichen" Schubser zurück in den Treibsand hängt mit der Systematik zwischenmenschlicher Beziehungen zusammen. Wenn meine Lebensgefährtin sich drastisch verändert, übt sie automatisch Druck auf mich aus, mit ihr gleichzuziehen. Ich habe die Wahl: Erstens ihre Veränderung zu komplementieren, indem auch ich mich ändere; zweitens mich nicht zu ändern; oder drittens – die eindeutig effektivste Maßnahme – sie zu drängen, wieder die Alte zu werden. Es verlangt keinen besonderen Scharfsinn, um zu erkennen, daß Sallys weniger besserwisserische, aufbrausende Art ihre Untergebenen und Kollegen zwang, künftig kreativere Entschuldigungen für ihre eigenen Unzulänglichkeiten zu finden.

Übertrieben optimistische Einschätzung Ihrer Fortschritte

Paul war Gebietsmanager einer großen Firma für Haushaltswaren, die allen Angestellten ein hohes Maß an Mitsprache gewährte und Teamarbeit großschrieb. Nach monatelangem Getuschel über Pauls schlechtes Management arrangierte der ihm vorgesetzte Regionalmanager eine offene Feedbackdiskussion zwischen ihm und den sieben Mitgliedern seines Verkaufsteams. Paul war überrascht zu hören, daß er als distanziert und wenig hilfsbereit galt, daß er die beiden Verkäufer, die er am längsten kannte, bevorzugt behandelte, sich nie um Ideen zur Lösung schwieriger Gebietsprobleme bemühte und so hoffnungslos desorganisiert war, daß Nachrichten, die man ihm schickte, oft unerwidert blieben.

Zu seinen Gunsten sprach, daß alle Mitarbeiter ihn als außerordentlich fähig im Umgang mit gravierenden Kundenproblemen sahen – ein Puffer zwischen ihnen und dem oberen Management. Er brachte sich schier um, um Fehler seiner Mitarbeiter zu übersehen oder herunterzuspielen (sein Chef war nicht sicher, ob er das positiv bewerten sollte).

Nach dieser Warnung änderte Paul sein Verhalten und nahm an, damit sei die Sache aus der Welt. Doch sechs Monate später informierten von der Geschäftsführung angeordnete vertrauliche Interviews seinen Chef, daß Paul sich zwar am Anfang ins Zeug gelegt habe, um besser zu kommunizieren, dann aber wieder zu seinen alten Gewohnheiten zurückgekehrt sei. Paul war schockiert und verwirrt. „Kein einziger in meinem Team hat sich wie auch immer bei mir beklagt, obwohl ich sie bei jedem Treffen ausdrücklich um ihre Meinung bat", erzählte er mir später. „Ich habe mir wirklich Mühe gegeben. Was ist schiefgelaufen?"

Paul war nicht begriffsstutzig – das sind Leute in seinem Job selten –, doch wie die meisten erfolgreichen Verkäufer besaß er eine ausgeprägt optimistische Lebenseinstellung. Generell verhilft diese zwar zu einer positiven, offenen Art, doch manchmal führt sie auch dazu, die Dinge durch die rosarote Brille zu sehen und Antworten zu manipulieren, die diese zuversichtliche Interpretation („Ich höre jetzt besser zu, nicht wahr?") bestätigen.

Aus den Interviews, die ich mit seinem Verkaufsteam in den sechs Monaten, die Paul als „letzte Chance" ausgehandelt hatte, führte, ging hervor, daß er sein Verhalten am Anfang signifikant geändert hatte, was seinem Team nicht verborgen blieb und auch honoriert wurde. Nach etwa einem Monat aber war Paul zuversichtlich, die Dinge unter Kontrolle zu haben, so daß er seine Aufmerksamkeit anderen Angelegenheiten widmete und die Anzeichen des Rückfalls in sein altes Verhalten nicht wahrnahm.

Doch sein mangelndes Bewußtsein resultierte nicht allein aus Vergeßlichkeit oder der Konzentration auf andere Aufgaben. Vielmehr hatten ihn seine Gene dazu bestimmt, ein sogenannter *High screener* zu sein. Dieser von dem Milieupsychologen Albert Mehrabian geprägte Begriff bezeichnet Menschen, deren Wahrnehmungsapparat dazu neigt, die frühen Warnzeichen nahender Krisen auszublenden (*„to screen out"* = „aussieben, ausblenden"). Wie Mehrabian nachwies, ist unsere Sensibilität für Dinge, die um uns herum und in uns passieren, individuell unterschiedlich ausgeprägt.

Wenn Sie Manager sind oder in Ihrem Beruf mehr mit Sachen als mit Menschen zu tun haben, gehören Sie vermutlich zu den *High screenern* und sollten sich vor einer zu optimistischen Einschätzung Ihrer Fortschritte hüten – speziell vier bis sechs Wochen nach Beginn des Änderungsprogramms, wenn Sie stolz sind, sehr schnell so ziemlich alles getan zu haben, was man von Ihnen erwarten konnte. Andernfalls laufen Sie Gefahr, wie Paul jäh entdecken zu müssen, daß die Änderung alter Verhaltensmuster nicht so einfach ist wie vermutet.

Ungeduld

Weil es das Abgewöhnen alter und Einüben neuer Verhaltensweisen beinhaltet, erfordert Ihr Änderungsprogramm zuviel Zeit – zumindest kommt es Ihnen so vor, besonders wenn Sie ein dynamischer, aufgabenorientierter Zeitgenosse sind, der alles termingerecht und so schnell wie möglich erledigen will. Während eine Portion Ungeduld zu Beginn Ihres Projekts nützlich sein kann, weil sie Sie antreibt, Ihr Vorhaben wirklich anzupacken statt hinauszuzögern, kann sie auch leicht dazu verführen, zu schnell zuviel zu erwarten, zu schnell enttäuscht zu sein und Ihr Projekt aufzugeben. Tun Sie's nicht. Erinnern Sie sich daran, daß echte Veränderungen Zeit brauchen. Erfolgen sie zu schnell, stellen sie sich meist als oberflächlich und kurzlebig heraus.

Perfektionistische Reaktionen auf Rückschläge

Die meisten Menschen akzeptieren Rückschläge und Pannen als natürliche Begleiterscheinungen des Lernens und finden, wenn sie klug sind, genau hier die benötigten Informationen, um noch gezielter auf ihr Ziel zuzusteuern. Manche – meist hochbegabte – Menschen lassen dagegen nur absolute Perfektion als akzeptablen Maßstab gelten, und alles, was nicht perfekt ist, setzen sie mit Versagen gleich. Ein charmant-ironischer Beitrag zum Fortbestand perfektionistischer Sichtweisen wird unbewußt von jenen geliefert, die sich – endlich überzeugt, daß Fehler zu machen und aus ihnen zu lernen die wahren Sieger auszeichnet – anschicken, die perfekte Abwesenheit von Perfektionismus zu realisieren. Es spricht für die Komplexität der Psyche, daß Menschen oft erkennen, in welch mißliche Lage ihr Perfektionismus sie gebracht hat, und trotzdem an ihrer Neigung festhalten.

Effektive Abhilfe gegen perfektionistische Neigungen verspricht eine Methode, die von Albert Ellis und anderen rational-emotiven Therapeuten am klarsten dargelegt wurde. Sie basiert auf folgenden Schritten:

Schritt 1

Gehen Sie in sich, und finden Sie heraus, welche Überzeugungen die Triebfeder für Ihren Perfektionismus bilden. Dann teilen Sie ein Blatt Papier (oder Ihren PC-Bildschirm) in drei gleiche Spalten ein und notieren Ihre Überzeugungen in der linken Spalte. Sie könnten sich etwa so anhören:

„Ich muß diese und alle anderen wichtigen Aufgaben fehlerfrei meistern, oder ich bin ein Versager (minderwertig, Tunichtgut, 'wie dein Vater, deine Mutter, Onkel Harry'), und den Gedanken, so zu sein, ertrage ich einfach nicht."

Schritt 2

In der mittleren Spalte widerlegen Sie diese unsinnige Überzeugung, etwa so:

„Wo ist der Beweis, daß Fehler sündhaft sind, statt einfach nur Vorfälle, die man korrigieren und aus denen man lernen kann; wer sagt, daß ich in allem perfekt sein *muß*, und daß ich, wenn ich nicht immer perfekt bin, ein Versager bin?"

Schritt 3

In der rechten Spalte notieren Sie nun die Neuformulierung Ihrer ursprünglichen Überzeugung unter Weglassung der unsinnigen Elemente:

„Ich würde es vorziehen, keine Fehler zu machen, weil sie manchmal zusätzliche Arbeit schaffen und kostspielig sein können, aber ich weiß jetzt, daß die einzige Methode, nie einen Fehler zu machen, darin besteht, nie etwas Neues auszuprobieren – und diesen Preis will ich nicht zahlen. Außerdem sehe ich, daß die Menschen, die ich meisten bewundere, oft Fehler machen und daher auch nicht perfekt sind – trotzdem sind sie weder Versager noch minderwertig."

Auch wenn Sie nur unter einer milden Form des Perfektionismus leiden, achten Sie auf flüchtige Gedanken, die Ihnen einreden wollen, nun da Sie sich bereits einen oder zwei

Rückfälle geleistet haben, sei Ihr Vorhaben ohnehin hoffnungslos und Sie sollten besser gleich aufgeben. Notieren Sie diese sabotierenden Zweifel, schmunzeln Sie ein wenig, und wiederholen Sie die vorangegangene Übung.

Versteckte Ängste, Sie könnten sich tatsächlich bessern

Haben Sie den Start Ihres Programms mehrmals hinausgezögert oder sich nach den ersten Schritten gefragt, warum Sie überhaupt in dieses blödsinnige Spiel eingewilligt haben? Wenn ja, widerstehen Sie der Versuchung, „Sie müssen mich eben nehmen, wie ich bin" zu brummen, Ihre Notizen wegzuwerfen und dieses Buch in die Flohmarktkiste zu verbannen. Statt dessen lassen Sie sich ein letztes Mal auf Notizen ein. Überlegen Sie, welche negativen Folgen es haben könnte, sollte Ihr schwieriges Verhalten wirklich verschwinden, und schreiben Sie diese auf. Benutzen Sie Ihre Fantasie.

Hier einige der interessanten Antworten meiner Klienten auf die Frage: „Welches sind die Risiken, wenn Sie sich bessern?"

- „Wenn ich nicht mehr als brillant, aber flatterhaft gelte, werde ich am Ende noch zum Abteilungsleiter befördert und muß mit Menschen umgehen, was ich immer gehaßt habe."
- „Wenn ich entschlußfreudiger werde, muß ich mit meinen Entscheidungen auch leben. Das macht mir Angst, denn manchmal entscheide ich falsch."
- „Wenn ich keine Witze mehr mache, bin ich langweilig."
- „Wenn ich ihnen nicht alles erzähle, was ich über das Thema weiß, haben sie keine Ahnung, wie klug ich bin."

Waren diese versteckten Ängste die wahren Gründe für das Zaudern, die Verärgerung oder die Langeweile der Befragten? Daß sie eine Rolle spielten, dürfte sicher sein, aber genauso sicher ist: Sie waren mit anderen, tieferen Motivationsfäden, deren Aufdeckung mehr als zehn Minuten Nachdenken und fachlichen Beistand erfordern würde, verwoben und wurden durch sie verstärkt. Aber darauf kommt es gar nicht an. Allein das Ausschauhalten nach inneren Widerständen hilft vielen, sich nicht von ihren gesteckten Ziele abbringen zu lassen.

Externe Streßfaktoren

Leider ist Ihr Entschluß, einige Aspekte Ihres schwierigen Verhaltens in den Griff zu bekommen, noch keine Garantie, daß Sie, während Sie Ihr nobles Ziel verfolgen, nicht in Krisensituationen geraten. Akute Kundenprobleme, Gerüchte über eine Firmenfusion, Einkommenseinbußen durch einen Streik, ein krankes Kind oder ein aufmüpfiger Teenager sind nur einige Schicksalswendungen, die Ihre Fähigkeit zu rationalem, effektiven Handeln überfordern können. Viele dieser Krisen werden Sie nicht emotional erdrücken, und Sie werden weiter zu ruhigem, überlegtem und kontrolliertem Verhalten in der Lage sein. Falls sie jedoch an Ihre inneren Unsicherheiten rühren, wird Ihre Kontrolle vermutlich wackelig werden und Ihre problematischen Verhaltensweisen entfesseln. Warten Sie nicht, bis es soweit ist. Sobald Sie merken, daß Ihr Faß überzuschwappen droht, wenden Sie eine dieser Spontanmaßnahmen an. Versuchen Sie erst, Ihre Verhaltenskontrolle auf einem sehr einfachen Level zurückzuerobern: Bei den ersten Anzeichen eines Rückfalls (schrille Stimme, fuchtelnde Finger) nichts mehr sagen, zurücksetzen und warten, bis Sie sich beruhigen. Wenn diese Kontrollmaßnahme nicht genügend greift, teilen Sie den von Ihrem Verhalten unmittelbar Betroffenen mit, daß Sie im Moment sehr nervös oder launisch sind, damit sie verstehen, daß nicht ihre Fehler, sondern Sie selbst an Ihrer Stimmung schuld sind.

Mangelnde Anerkennung

Sie haben wie Sally die ersten sechs Wochen Ihres Änderungsprogramms gemeistert, sind stolz auf Ihre Fortschritte und hoffen nun auf das ein oder andere Schulterklopfen? Ihr Wunsch nach ein paar „Gut gemacht!"-Bestätigungen ist allzu verständlich – jeder, der etwas erreicht hat, lechzt nach Anerkennung. Leider kann es eine Weile dauern, bis andere Ihre Verbesserungen registrieren. Das liegt zum einen daran, daß ihr eigenes Leben sie sehr beschäftigt und sie sich nicht auch noch um das Ihre kümmern können – es sei denn, Sie verursachen Probleme. Keine Probleme – das Resultat Ihrer erfolgreichen Bemühungen – fallen so lange Ihren Mitmenschen nicht auf, bis man sie mit der Nase darauf stößt.

Hinzu kommt, daß diejenigen, die früher unter Ihrem Verhalten litten, Ihre Veränderung nicht als Leistung, sondern lediglich als Rückkehr zur Normalität bewerten. („Was, ich soll ihn auch noch loben, weil er endlich nicht mehr grundlos auf mir herumhackt?")

Dann ist da noch das Problem, daß Sie auch nur ein Mensch und als solcher unperfekt sind. Angenommen, Ihre eliminierte Schwäche war Unentschlossenheit, und es gelingt Ihnen nun, in acht von zehn Fällen einen festen Standpunkt zu vertreten; doch wenn Sie bei den beiden letzten zaudern – schließlich sind nur zwanghafte Kontrollfreaks immer hundertprozentig entschlossen –, kann das als Beweis gedeutet werden, daß Sie sich im Grunde doch nicht so sehr verändert haben oder aber Ihre Veränderung nur vorübergehend und oberflächlich war.

Diese Zusammenhänge werden in Kapitel 5 erneut aufgegriffen, wenn es um Methoden geht, wie Sie Ihr Image ändern können. Fazit ist, daß Sie – und vielleicht Ihr Coach – das Schulterklopfen womöglich selbst übernehmen müssen.

Paradoxerweise besteht das beste Rezept, Ihren Änderungskurs weiterzufahren, darin, mit gelegentlichen Pannen und Rückschlägen zu rechnen. Probleme zu antizipieren kann in mehrfacher Hinsicht hilfreich sein.

Auf das Unvermeidliche gefaßt sein

Wenn Sie lernen, Rückschläge als unvermeidliche Begleitumstände Ihres Änderungsprogramms zu akzeptieren – dies gilt besonders bei anspruchsvollen Verhaltenszielen –, sind Sie eher auf sie gefaßt, und dies wiederum ist ein echter Vorteil, denn unerwartete Stolpersteine und Pannen sind immer schwieriger als erwartete. Sie sollten daher etwa vier Wochen nach Programmstart dieses Kapitel erneut lesen, um sich die gängigsten Fallen ins Gedächtnis zurückzurufen.

Das Wichtigste, woran Sie sich stets erinnern sollten – speziell wenn Sie zu Perfektionismus neigen – ist, gelegentliche Fehler als normal anzusehen. Die Alternative, das entmutigende Gefühl, für immer versagt zu haben, statt einmal kurz gestolpert zu sein, kann Ihre künftigen Fortschritte ernsthaft gefährden.

Den Plan konsequent weiterführen

Der Erfolg von Zwölf-Stufen-Programmen beruht vor allem auf dem Grundsatz, konsequent durchzuhalten – egal, wie gut oder schlecht die Dinge laufen. Die Devise „Egal, ob Sie Fortschritte machen oder nicht – halten Sie sich an Ihr Programm" sollte jeder, der eine Verhaltensänderung anstrebt, schon deshalb beherzigen, weil sie ihn in Momenten der Entmutigung beschäftigt hält. Ein Tip zum Durchhalten: Holen Sie hin und wieder Ihren Aktionsplan hervor, um nachzuvollziehen, warum Sie sich zu dieser dornenreichen Reise entschlossen haben.

Andere zur Unterstützung finden

In Kapitel 3 schlug ich vor, jemanden zu finden, der Ihnen hilft, abweichende Meinungen Ihrer Informanten auf einen Nenner zu bringen und Ihren Veränderungsplan gemeinsam zu durchdenken. Diese Person kann Ihnen Trost spenden und Perspektiven aufzeigen, wenn Sie in einer Krise stecken. Die Bekräftigung Ihrer Ziele versichert Sie Ihrer Effizienz und erneuert Ihr Engagement, sollten Ihr Enthusiasmus oder Ihre Energie zwischendurch nachlassen.

Ziehen Sie in Erwägung, Ihren Chef, Ihre Mitarbeiter, Kollegen, Ihre Ehefrau oder enge Freunde als Verbündete in Ihrem Bemühen um eine abgerundetere, gereiftere Persönlichkeit zu gewinnen. Teilen Sie Ihr Engagement mit ihnen, sagen Sie, welche Verhaltensziele Sie primär verfolgen wollen, und bitten Sie sie um ihr Feedback. Konkretisieren Sie, wann und in welcher Form Sie dieses Feedback bevorzugen. Auch wenn sie es gut meinen – Ihre Absicht kann es kaum sein, daß Ihnen sieben Leute erzählen, wie gut oder schlecht Sie sich gehalten haben, wann immer Sie den Mund auftaten. Fragen Sie von Zeit zu Zeit nach, wie effektiv Ihre Ersatzverhaltensweisen sind und ob Ihr nonverbales Verhalten stimmig ist. Erleichtern Sie Ihren „Verbündeten" die unangenehme Aufgabe, über Ihre Erscheinung, Mimik oder Gestik zu urteilen, indem Sie sie daran erinnern, daß man sich selbst am wenigsten beurteilen kann.

Andere zur Unterstützung heranzuziehen hat mehrere wichtige Vorteile. Zum einen werden Ihre Ausrutscher oder Rückfälle als das gesehen, was sie sind: unbeabsichtigte, verzeihbare Kontrollverluste. Denken Sie daran, daß die Absicht hinter einer Handlung, nicht die Handlung selbst, darüber entscheidet, ob Sie Vorwürfe oder Verständnis von Ihren Mitmenschen ernten.

Ein weniger offensichtlicher Vorteil, das Wissen um die eigene Unzulänglichkeit einzugestehen und einen Besserungsplan zur Hand zu haben, ist der, daß Ihnen fast automatisch mehr Achtung geschenkt wird. Wie Psychologen beobachten, wird das Eingestehen menschlicher Schwächen als Zeichen von Stärke ausgelegt – eine Taktik, die in vielen Verhandlungen erfolgreich zum Einsatz kommt.

Einer der einflußreichsten Finanzstrategen, die ich je kannte, eröffnete wichtige Vertragsverhandlungen jedesmal mit dem Satz: „Vermutlich liegt es nur daran, daß diese technischen Sachen zu hoch für mich sind, aber wäre jemand so freundlich, mir zu erklären, warum...?" Nachdem er seine Erklärung bekommen hatte, nannte er die Bedingungen seines Unternehmens für ein Zustandekommen des Vertrags. Als ich ihn später wegen des häufigen Gebrauchs dieser und anderer Floskeln, mit denen er sein Licht unter den Scheffel stellte („Ich mag nichts weiter als ein überbildeter Bauernbursche sein, aber..."), rügte, gab er zwar seine manipulative Absicht zu, bestand aber darauf, „niemanden reinlegen zu wollen". Er hatte festgestellt, daß seine Kompetenz dank seiner Position in einem der erfolgreichsten amerikanischen Unternehmen zwar nie angezweifelt wurde, aber: „Wenn ich mich ein bißchen kleinrede, scheint das die Anwesenden locker zu machen, und wenn es dann ernst wird, versuchen sie nicht, mehr aus mir rauszuquetschen, als sie sollten."

Meine Erfahrungen über die Jahre haben gezeigt, daß Kollegen, denen gegenüber man gesteht, an sich arbeiten zu müssen und das auch fest vorzuhaben, sich häufig wünschen, ebenso couragiert, ruhig und selbstsicher zu sein.

Ob Sie Ihren Chef als Coach rekrutieren sollten, bedarf sorgfältiger Überlegung. Vorgesetzten fehlt meist die Gelegenheit, ihre Angestellten direkt zu beobachten, so daß sie sich auf eine Mischung aus in Einzelgesprächen oder Abteilungskonferenzen gewonnenen Eindrücken, objektiven Daten, Lob bzw. Beschwerden von Kunden und/oder Kollegen verlassen müssen, um sich ihr Urteil über Leistung und Aufstiegsqualitäten zu bilden. Wenn dies auch auf Ihren Chef oder Ihre Chefin zutrifft, sind Sie besser beraten, ihn oder sie als interessierten Beobachter/-in im Hintergrund zu halten, statt ihm oder ihr die Coach-Rolle anzubieten. Ein Coach ist dann wertvoll, wenn er Sie in den Ihr Problemverhalten auslösenden Situationen direkt beobachten kann. Aus der Distanz kommen eher generelle – selten nützliche – Ratschläge statt detailliertes Feedback oder Ideen zur Modifizierung Ihrer Ersatzverhaltensweisen.

Wenn Ihnen der Gedanke widerstrebt, Ihren Chef, Untergebene oder gerade auch gleichrangige Kollegen aktiv in Ihr Programm einzubeziehen, geht es Ihnen wie vielen. „Sie werden mich auslachen", „Ich liefere nur Munition für die, die mir ohnehin an den Kragen wollen" und „Das weiß dann hinterher die ganze Firma" sind nur einige der Zweifel, die meine Klienten in der Überzeugung äußerten, ihre Verhaltensänderung solle ihre Privatsache bleiben. Nachdem sie den ersten Schritt getan und eine besonders vertrauenswürdige Person in ihre Pläne eingeweiht hatten, war das Eis in der Regel gebrochen.

Schadensbegrenzung

Etwa zwei Monate nach Start ihres Programms war Sallys Arbeitsgruppe von einer Produktmodifizierung betroffen, die über zwei Wochen lang vierzehnstündige Arbeitstage erforderte. Am zwölften Tag war das anfänglich gefragte breitspurige Denken und Sammeln innovativer Ideen, die das Team beflügelt hatten, der monotonen und und aufreibenden Aufgabe penibler Dokumentation und genauer Datenüberprüfung gewichen. Nervös und ängstlich, ob das neue Produkt den Bedürfnissen eines wichtigen Kunden entsprechen würde, vergaß Sally, vielleicht verständlich, zwei wesentliche Dinge: einmal, daß durch Streß ihre Kontrolle beeinträchtigt und ihr „Dampfwalzen-Impuls" freigesetzt werden konnte; und zweitens, daß Erschöpfung und zwölf Tage schlechter Kaffee auch an der Geduld ihrer Mitarbeiter und Kollegen genagt hatten.

Die Szene begann damit, daß Sally Monika, ihre beste Produktdesignerin, bat, ihren letzten Computerlauf ein drittes Mal zu überprüfen. Monika, eigensinnig und temperamentvoll, zischte zurück: „Hättest du unseren Fragen mehr Beachtung geschenkt, als wir mit diesem blöden Produkt anfingen, müßten wir jetzt nicht soviel Zeit damit verbringen, deinen verdammten Hals zu retten." Der eskalierende Dialog endete damit, daß Sally allen Anwesenden – und einigen Vorbeigehenden – eine Lektion erteilte, sie müßten endlich lernen, bei Zweifeln den Mund aufzutun, und täten sie das nicht, verdienten sie, was immer man ihnen vorsetzte.

„Das hab' ich echt vermasselt", sagte Sally am Abend zu Frank. „Immerhin merkte ich, daß ich kurz vor dem Siedepunkt war. Ich hockte mit meiner Tasse Kaffee in einer Ecke und stellte mir vor, wie ich einem sowieso schon sauren Kunden zu erklären versuchte, wieso die Software, die soviel Zeit und Geld gekostet hatte, nicht funktionierte. Und das nächste, was ich weiß, ist, daß ich Monika drängte, sie nochmals zu überprüfen. Als sie mich dann anfuhr, kam mir meine Ersatzfloskel 'Eine interessante Ansicht, laß uns später darüber reden' gar nicht erst in den Sinn."

„Nun", sagte Frank, „jetzt hast du Gelegenheit, deine Schadensbegrenzungstechniken zu üben. Wann und wo kannst du Monika das nächste Mal treffen?"

Nicht alle Fehltritte sind von gleicher Tragweite. Wie der Konzertpianist, dessen Freude über eine nach Ansicht seines Publikums erstklassige Darbietung durch sein Wissen um ein paar winzige Schnitzer getrübt wird, so sind auch Sie sich vieler Ausrutscher bewußt, die Ihren Arbeitskollegen komplett entgehen. Einige Episoden schwierigen Verhaltens verlangen dagegen wenigstens eine minimale Schadenswiedergutmachung, damit es nicht weiter um sich greift und weil eine Nachsorge von Ihrer Seite hoffentlich dazu beiträgt, daß Sie sich beim nächsten Mal bremsen, *bevor* Sie die Kontrolle verlieren.

Einen Riß in einer Beziehung reparieren zu müssen, ist nie angenehm. Die negative Verstärkung, die Sie vor einer Wiederholung schützt, sollte aber keine unerträgliche Bürde sein. Der Reparaturprozeß besteht aus drei Schritten: Erstens anerkennen, daß Ihr Verhalten, unabhängig von der Situation, nicht konstruktiv war; zweitens Ihr Bedauern ausdrücken, daß die andere Person von Ihrem Verhalten negativ betroffen war; drittens Maßnahmen vorschlagen, wie eine Wiederholung des leidigen Vorfalls künftig vermieden werden kann: Hier Sallys „Wiedergutmachungs-Gespräch" mit ihrer Mitarbeiterin Monika:

SALLY (steckt den Kopf in Monikas Büro): „Hast du fünf Minuten Zeit, Monika?"
MONIKA (ohne aufzusehen): „Ich denke schon."
SALLY (setzt sich): „Hör zu, bei dem Treffen gestern habe ich mich absolut danebenbenommen. Diese dumme Lektion, die ich allen an den Kopf knallte, war schon schlimm genug, aber darauf zu bestehen, daß ausgerechnet du deine ganze Arbeit nochmal überprüfst, obwohl ich genau wußte, das hattest du schon zweimal getan, war wirklich töricht. Ich weiß, meine Sturheit in solchen Dingen ist ein Problem, und ich versuche, sie abzustellen, aber gestern abend hat es leider nicht geklappt."
MONIKA: „Nein, hat es leider nicht."
SALLY: „Klingt, als hätte dir die Sache ziemlich zugesetzt. Das tut mir wirklich leid."
MONIKA (dreht sich langsam um und sieht Sally direkt an): „Um ehrlich zu sein, Sally, ich habe überlegt, das Jobangebot der Burrow's Company anzunehmen. Nachdem du gestern abend weg warst, haben mir alle Vorwürfe gemacht, ich wäre an deinem Aufbrausen schuld gewesen. Was mich wirklich ärgert ist, daß du es an ihnen ausläßt, wenn du eigentlich wütend auf mich bist. Vielleicht haben sie sogar recht, und ich müßte wirklich mehr versuchen, dich zu bremsen. Wenn das der Fall ist, weiß ich nicht, ob ich mich darauf einlassen will."
SALLY: „Weißt du, Monika, das Schlimme ist, ich habe endlich kapiert, wie sehr ich mir selbst schade, wenn ich fähigen Leuten wie dir nicht zuhöre, und daß meine Lektionen, von denen ich immer glaubte, sie seien logisch und rational, in Wahrheit nur abschreckend sind. Worum ich dich bitte, wenn du dazu bereit bist: Jedes Mal, wenn du meinst, ich höre mal wieder nicht zu, unterbrich mich einfach und sage: 'Sally, hör' bitte zu.' Ich möchte nicht die Verantwortung auf dich abwälzen, versteh' mich da nicht falsch; klar ist es meine Aufgabe,

zuzuhören, und ich denke, daß ich mich auch schon gebessert habe, aber ich möchte einfach vermeiden, daß ich rückfällig werde."

MONIKA: „Meinst du das wirklich, daß ich sagen soll: 'Hör' bitte zu'? Du klingst immer so selbstsicher und hast 1000 Gründe, wieso deine Meinung richtig ist. Gestern hast du uns, speziell mich aufgefordert, wir sollten öfters den Mund auftun, aber du hast ja keine Ahnung, was für eine Dampfwalze du sein kannst."

SALLY (reumütig): „Nun, das finde ich ziemlich schnell heraus, und wie ich sagte, ich mag absolut nicht so sein. Ja, ich meine hundertprozentig, daß du mich unterbrechen sollst, und wenn es beim ersten Mal nicht funktioniert, dann sag' es nochmal."

MONIKA: „Weißt du, das könnte Spaß machen. Kann ich den anderen davon erzählen?"

SALLY: „Na ja, beim nächsten Treffen will ich meinen neuen Entwicklungsplan präsentieren, und da wäre es mir lieber, wenn du unsere Abmachung für dich behalten würdest. Ich will schließlich nicht wie ein Weichei klingen."

MONIKA: „Sally, du wirst niemals wie ein Weichei klingen."

Nicht alle Reparaturmaßnahmen müssen so aufwendig sein. Wäre ihr Ausbruch weniger laut, beleidigend oder öffentlich gewesen, hätte es genügt, wenn Sally ihren Lapsus zugegeben und mit Monika im lockeren Gespräch darüber nachgedacht hätte, wie sich die Teamtreffen diskussionfreudiger und fruchtbarer gestalten ließen.

Vorsicht bei Entschuldigungen: Wenn auch grundsätzlich hilfreich, um das Fehlen einer bösen Absicht zu bekunden, haben „Es tut mir leid, wenn ich dich verletzt habe"-Entschuldigungen ihre Tücken. Sie bemächtigen sich damit nicht nur der Verantwortung für die Gefühle Ihres Gegenübers, sondern verleiten die Zielscheibe Ihres Fehlverhaltens womöglich dazu, „Ach, das ist schon in Ordnung" zu sagen, wenn in Wirklichkeit nichts in Ordnung ist. Dadurch verstärken Sie versteckte Ressentiments und erreichen genau das, was Sie vermeiden wollten. Ein einfacher Ausdruck Ihres

Bedauerns, der Ihr Gegenüber nicht zur Lüge zwingt, damit Sie sich besser fühlen, ist in jedem Fall günstiger. Außerdem wollen Sie mit Ihrem Eingeständnis ja nicht nur zeigen, daß Sie Ihr Verhalten als unangemessen erkannt haben, sondern auch den Betroffenen zusätzliches Feedback entlocken, statt sie zum Schweigen zu bringen.

Ihre Entwicklung im Auge behalten

Ein gemeinsames Merkmal gut konzipierter Pläne, vor allem wenn sie Menschen betreffen, ist die Notwendigkeit, sie immer wieder zu verifizieren und anzupassen.

Um zu überprüfen, wie genau Sie sich an Ihren Plan halten und wie gut er Ihre Zwecke erfüllt, stellen Sie sich folgende Fragen:

- Was scheint gut zu funktionieren? Was nicht? Wie fühle ich mich dabei?
- Tue ich wirklich, was mein Plan verlangt? Habe ich zum Beispiel meinen Mund gehalten, als ich meine Ungeduld bemerkte, oder hatte ich Angst, merkwürdig zu wirken?
- Muß ich meine Ersatzverhaltensweisen modifizieren oder intensiver üben? Sind die Sätze so gestelzt und kompliziert, daß ich keinen Ton herausbringe? Vielleicht passen sie oft nicht zu den Situationen, in denen ich sie verwenden will. Ein Klient erzählte beispielsweise diese Geschichte: „'Ich bespreche das mit meinen Finanzleuten und gebe Ihnen dann Bescheid' schien ein idealer Ersatz für meine Tendenz, Kunden gedankenlos Versprechungen zu machen ('Klar schaffen wir das für einen Tausender.') Doch jetzt stelle ich fest: Mein Ersatzverhalten verhindert zwar, daß ich den Laden verschenke, aber ich verliere auch ein paar potentielle Kunden damit."
- Bin ich in eine oder mehrere der in diesem Kapitel genannten Fallen getappt?

- Wären mehr mentales Proben oder praktisches Üben mit einem Coach oder Mentor hilfreich?
- Wäre ein Trainingsseminar hilfreich? Zum Beispiel über die Frage: „Wie kommuniziere ich selbstbewußt statt feindselig oder indirekt?"

Die Antworten auf diese Fragen sagen Ihnen nicht nur, ob und wie Sie Ihren Plan ändern müssen, sondern liefern auch nützliches Material für Diskussionen mit Ihrem Coach oder Mentor. Wichtiger noch: Sie sind ein potentes Gegenmittel gegen Zweifel wie diese, die auch ausdauerndste Selbstverbesserer hin und wieder befallen: „Warum muß ich das alles tun?", „Habe ich nicht schon genug getan?", „Warum kann ich diese Übung nicht auf morgen verschieben, wenn ich mehr Zeit habe?"

Langfristige Verhaltenspflege

Nach einer gewissen Zeit – vielleicht schon nach zwei, meistens nach sechs Monaten, selten erst nach zwei Jahren – zahlen sich Ihr Mut, Ihre Beharrlichkeit und Ihr rettender Sinn für Humor aus: Diejenigen, die Ihnen wichtig sind, notieren anerkennend, Sie hätten sich geändert; Angestellte, die Ihnen früher soweit wie möglich aus dem Weg gingen, kommen auf Sie zu; Sie hören sich, wie Sie einen Mitarbeiter direkt und unverhohlen auf seine schwache Leistung hinweisen; oder es gelingt Ihnen, Ihrem schwierigen Chef mutig gegenüberzutreten. Genießen Sie Ihren stillen Stolz, seufzen Sie erleichtert, daß ein gutes Stück Arbeit hinter Ihnen liegt, und beginnen Sie zu überlegen, worauf Sie Ihre Energien als nächstes richten wollen.

Nehmen Sie sich fest vor, Ihr intaktes Verhalten regelmäßig zu überprüfen. Es gibt zwar Hinweise, daß Verhaltensänderungen im Laufe der Zeit Änderungen der inneren Einstellung nach sich ziehen, doch dies ist ein langwieriger Prozeß. Es stimmt, daß einige Verhaltensbesserungen selbsterhaltend sind. Zum Beispiel stärkt es Ihr Selbstbewußtsein, wenn mehr Mitarbeiter auf Sie zukommen, weil Sie kein selbstherrlicher Chef mehr sind, wodurch Ihr Selbstdarstellungsbedüfnis nicht mehr so groß ist, was Sie liebenswerter macht, was wiederum... Doch dafür können andere Verhaltensmängel wieder auftauchen, besonders unter hohem Streßeinfluß. Fest steht: Ohne gelegentliche Aufbauarbeit ist das Risiko groß, daß Ihr altes Problemverhalten zurückkehrt und Ihnen Nachteile verschafft.

Sicher ist es nicht einfach, alte Fehler im Auge zu behalten. Sie haben genügend angenehmere Dinge zu tun, und die menschliche Neigung, Schlechtes zu vergessen und sich nur an das Gute zu erinnern, bündelt Ihre Aufmerksamkeit an anderer Stelle. Ein Tip, wie Sie sich hin und wieder zu einer Verhaltensüberprüfung „überlisten": Bewahren Sie eine Kopie Ihres Aktionsplans so auf, daß Sie ihn ab und zu sehen *müssen* – etwa in der oberen Schreibtischschublade, vorne im Kalender oder am Kühlschrank. Natürlich nutzt sich auch dieser Trick ab; trotzdem stehen die Chancen meiner Erfahrung nach gut, daß Sie so Ihren Plan zumindest einmal im Jahr durchgehen und die Effekte Ihres Verhaltens wieder bewußter wahrnehmen.

Ärgerlich, aber leider wahr: Wenn Ihr Ruf einmal gelitten hat, hält sich dieser Makel meist hartnäckig, selbst wenn die Ursachen ausradiert wurden. Nachdem Sie Ihr Verhalten erfolgreich umgestellt haben, finden Sie es äußerst frustrierend, wenn sowohl diejenigen, die Sie nicht Tag für Tag beobachten, als auch Ihre unmittelbaren Mitarbeiter von Ihnen sprechen, als hätten Sie sich keinen Deut geändert. Angesichts solch himmelschreiender Ungerechtigkeit können Sie kurz mit Ihrem Schicksal hadern, aber dann sollten Sie akzeptieren, daß Sie ein Imageproblem haben, mit dem Sie sich wohl oder übel gesondert auseinandersetzen müssen. Glücklicherweise gibt es hierfür eine bewährte Methode. Im nächsten Kapitel untersuchen wir, wie Sie ein negatives Image reparieren können, damit es Ihnen bei Beförderungen, interessanten Angeboten und Chancen, die Sie verdient haben, keinen Strich durch die Rechnung macht.

5.
So reparieren Sie Ihr Image

Nicole Bonnet konnte nicht glauben, was ihr Chef ihr gerade eröffnet hatte. „Was soll das heißen, ich habe den Job als leitender Bewährungshelfer nicht bekommen? Ich bin eindeutig besser qualifiziert als derjenige, der ihn gekriegt hat. Ich war die Nummer eins auf der Anwärterliste. Ich hatte drei Empfehlungen. Auf mich wurde sogar schon einmal geschossen."

„Ich weiß", sagte Martin, ihr Chef, „und du bist mit Recht sauer. Der Grund, warum du nicht genommen wurdest, ist, um ehrlich zu sein, blödsinnig. Wer dir in den Rücken fiel, war kein anderer als Danny Corbett, unser hochverehrter Herr stellvertretender Bewährungsdirektor, der..."

„Aber der hat mich seit damals nicht gesehen, als er regionaler Bewährungskommissar war und ich gerade anfing. Das ist jetzt fünf Jahre her."

„Ich weiß, aber er erinnert sich noch gut daran, daß du damals ziemlich unorganisiert warst, und vor allem hat er nicht vergessen, wie du einen Ex-Häftling in den Knast zurückgeschickt hast, der sich – ausnahmsweise mal – als unschuldig herausstellte. Du hattest die Fakten nicht überprüft und dich von deinen Gefühlen leiten lassen. Danny wurde vor der Bewährungskommission bloßgestellt – tja, und das hat er dir nicht verziehen."

„Aber hast du ihm nicht gesagt..."

„Klar, hab ich ihm gesagt, und dem restlichen Beförderungsgremium auch. Aber du kennst ja Danny, der ist aalglatt. Hat kein schlechtes Wort über dich fallenlassen, meinte nur, du wärst 'nicht soweit'. Davon abgesehen: Ich bin nur leitender Bewährungshelfer, und er ist der stellvertretende Bewährungsdirektor. Was wir tun müssen, Nicki, ist, einen Plan entwerfen, daß so etwas kein zweites Mal passiert."

So unfair es ist, aber manchmal bleiben negative Eindrücke bestehen, lange nachdem die Fehler oder Macken, auf denen sie beruhten, unter Kontrolle sind. Dieses Kapitel untersucht, warum schlechte Eindrücke so beharrlich sind, und nennt effektive Maßnahmen, wie Sie Ihr angekratztes Image reparieren können.

Warum reicht Veränderung allein nicht aus?

Sie haben sich zum Positiven verändert. Sie schieben Konfliktsituationen nicht mehr auf. Sie erteilen keine Lektionen mehr, wo ein Meinungsaustausch gefragt ist. Oder: Während Sie früher – siehe Nicole – viel aus dem Bauch heraus agierten, sind Sie inzwischen zwar immer noch kreativ, aber organisiert genug, um eine Überprüfung der Fakten einzuplanen. Solche Unterschiede müssen doch für jeden deutlich erkennbar sein!

Manchmal sind sie das tatsächlich. Diejenigen, die Ihre Bemühungen mitverfolgt haben, Kollegen, die eng mit Ihnen zusammenarbeiten, und Leute, die Sie unterstützen, werden den Unterschied als erste erkennen, besonders wenn Sie vorsichtig anklingen lassen, sich geändert zu haben. In den Köpfen einiger wichtiger Leute existieren Sie jedoch nur als Klischee, untergebracht in einer Schublade mit der Aufschrift „unentschlossen", „besserwisserisch" oder „unorganisiert und unreif". Und was das Schlimmste ist: Viele erfahren davon erst – wie Nicole –, wenn sie bei einer Beförderung übergangen wurden oder ihr Name auf einer „Abschußliste" auftaucht.

So wütend und deprimiert Sie auch sein mögen, wenn Sie entdecken, daß mächtige Bosse, Klienten oder Kunden Sie voreingenommen und nach irrelevanten Kriterien beurteilen: Sie müssen diese Gefühle überwinden und tun, was nötig ist, um das Klischee zu brechen. Zu begreifen, warum Klischees so überaus hartnäckig sind, schützt Sie davor, in Ärger und hoffnungsloser Resignation zu erstarren.

Das Grundproblem besteht darin, daß wir Menschen die Welt wahrnehmen, indem wir das, was wir sehen, einer riesigen Anzahl von gespeicherten holografischen „Fotos" – Psychologen verwenden den Begriff Schemata – zuordnen, und sobald eines dieser Schemata der Situation leidlich angemessen erscheint, wird dieses Bild zu unserer Realität. Man versteht leicht, warum unser Nervensystem sich so entwickelte – diese Form automatischen Denkens ist höchst effektiv und funktioniert in den meisten Fällen. Tut es das nicht, passen gespeichertes Bild und reale Situation nicht zusammen, ist uns das selten bewußt – es sei denn, der Fehler hat schwerwiegende Konsequenzen.

Angenommen, wir haben dem Hund unseres Nachbarn, der uns gelegentlich begegnete, das Etikett „freundlich" zugeordnet, so registrieren wir vermutlich so lange nicht, daß das Tier mit steigendem Alter immer garstiger wird, bis wir beim nächsten Besuch in die Hand gezwickt werden. Selbst dann sind wir geneigt, sein Verhalten „seltsam" und „ganz untypisch" zu finden. Hält es jedoch an, folgern wir irgendwann, daß der Vierbeiner bösartig geworden sei. Nachdem wir dem armen Hund nun dieses neue Etikett aufgeklebt haben, wird es uns mit Sicherheit entgehen, wenn er zu seinem freudlichen Wesen zurückkehrt, weil die Rheumaspritzen des Tierarztes endlich gewirkt haben.

Da jene, deren Urteil für Sie zählt, mit der gleichen Wahrnehmung ausgerüstet sind, die bewirkt, daß sie die Realität so ändern, daß sie zum gespeicherten Bild paßt, kommt ihnen spontan Ihr altes Image in den Kopf, wenn sie an Sie denken. Das geht so lange, bis etwas passiert, das dieses Image gründlich korrigiert.

Leider ist diese Imagewiderlegung keine einfache Angelegenheit. Zum einen muß die Person, die Ihnen ein neues Image zugestehen soll – einer der Direktoren etwa –, den Feinheiten Ihres neuen Verhaltens genügend Beachtung schenken. Nun neigen Höhergestellte aber dazu, dem Verhalten derer, die sich weiter unten auf der sozialen Leiter befinden, demonstrativ wenig Beachtung zu schenken, wodurch kleinere Diskrepanzen zwischen ihrer Erwartungshaltung und Ihrem neuen Verhalten fast immer unbemerkt bleiben (umgekehrt registrieren Ihre Mitarbeiter Ihr verändertes Verhalten lange vor Ihrem Chef).

Ebenfalls erschwerend wirkt, daß gelegentliche unbedeutende Fehltritte gerne als Beweis genommen werden, wie wenig Sie sich im Grunde geändert haben. Der stellvertretende Bewährungsdirektor Corbett hatte in der Tat ein paar gute Sachen über Nicole und ihre Arbeit in letzter Zeit gehört. Seit Martins Warnung „Reiß' dich zusammen, Mädchen, sonst landest du bald wieder im Kittchen" – dort hatte Nicole als Beraterin für in Kürze zu entlassende Häftlinge gearbeitet – sie aufrüttelte, hatte sie fünf Jahre lang an ihrer Fähigkeit, gerade schwierige Fälle konstruktiv zu betreuen und dabei sowohl auf Faktensuche als auch auf detaillierte Dokumentation Wert zu legen, systematisch gefeilt. Sie wurde befördert auf die höchste Bewährungshelferebene – was nicht durch die Behördenleitung abgesegnet werden mußte. Doch ein kleiner Zwischenfall sechs Monate vor dem Endspurt auf die Beförderung hatte Corbetts schlechten Eindruck von ihr erneut bestätigt.

Nicole hatte an einem Seminar teilgenommen und mit ein paar anderen aus der Gruppe ein Abendessen im Restaurant geplant, zu dem auch Corbett, der einen Workshop geleitete hatte, eingeladen war. Ob die Beschreibung, wo die Gruppe sich treffen sollte, vage war oder Nicole nicht richtig aufgepaßt hatte – jedenfalls befand sie sich zu dem Zeitpunkt, zu dem die Gruppe sich am Osteingang versammelte, auf der Westseite des Hotels. Nachdem sie 15 Minuten lang die Bilder in der Lobby betrachtet hatte, schwante ihr, daß sie am falschen Ort war. Sie rannte blitzschnell auf die andere Seite des Hotels, wo sie viel zu spät, außer Atem und völlig aufgelöst ankam.

Corbett sonnte sich sichtlich in seiner Rolle als erfahrener Mann, dem niemand etwas vormachen kann, und bemerkte geringschätzig – und nicht gerade leise – zu einem von Nicoles Kollegen: „Wie ich sehe, hat sich unsere kleine Nicki kaum verändert." Das gequälte Lächeln des Adressaten – Bewährungshelfer im ersten Berufsjahr widersprechen ungern einem stellvertretenden Bewährungsdirektor – nahm er zweifellos als Bestätigung, daß Nicki noch das süße kleine Mädchen war, das er vor fünf Jahren in ihr gesehen hatte. Waren Altersunterschied – er war über 50, sie gerade 30 – oder Sexismus für die Unerschütterlichkeit seines Klischees verantwortlich? Angesichts seiner Generation und seines Hintergrunds haben wohl beide Faktoren eine gewisse Rolle gespielt. Denn Vorurteile sind nichts anderes als Schemata, sorgfältig eingepflanzt und massiv bekräftigt, und wenn sie sich einschalten, werden die Dinge doppelt schwierig.

Der letzte Tropfen Klebstoff, der Klischees lange haften läßt, nachdem sie nicht mehr nützlich sind, ist ein unschöner, aber universeller Charakterzug von uns Menschen (der in jeder Klatschrunde anklingt): Wir lieben es, von den Fehlern und Schwächen anderer zu hören, weil sie uns das Gefühl geben, überlegen und mehr wert zu sein. Nichts läßt uns Selbstzweifel und Niedergeschlagenheit so prompt überwinden wie zuzusehen, wenn andere vom Sockel stürzen.

Kurz und gut: Sie müssen sich damit abfinden, daß diejenigen, die Sie am meisten beeindrucken wollen, weiter das in Ihnen sehen, was sie aufgrund früherer Vorkommnisse erwarten. Wenn sie gelernt haben, Sie als aufbrausend, unreif oder unorganisiert einzustufen, neigen sie dazu, alle Anzeichen, daß Sie jetzt beherrschter und zuverlässiger sind, entweder zu übersehen oder als vorübergehende Verirrung oder Laune abzutun.

Zum Glück gibt es einen Hoffnungsschimmer. Mitarbeiter, die permanent mit Ihnen zu tun haben, werden irgendwann anfangen, Sie anders zu definieren, selbst wenn Ihr Verhalten sich nur geringfügig geändert hat (Ihr Geduldsfaden reißt jetzt nur noch zweimal pro Woche statt täglich) – vorausgesetzt, der Wandel hält lange genug an. Der Knackpunkt ist, daß dies mitunter sehr viel Zeit erfordern kann. Studien haben ergeben, daß es ein Jahr dauern kann, bis Angestellte davon überzeugt sind, Ihr Vorgesetzter habe sich wirklich und endgültig geändert. Wenn Ihnen das zu lange dauert und vor allem, wenn diejenigen, die Sie beeindrucken wollen, nicht direkt mit Ihnen zusammenarbeiten, benötigen Sie einen gezielteren Ansatz, damit diese ihr altes Schema von Ihnen gegen ein neues, günstigeres eintauschen. Es gibt mehrere Varianten, doch grundsätzlich sollte Ihr Plan folgende vier Schritte beinhalten:

1. Finden Sie heraus, was andere aufgrund ihres alten Schemas von Ihnen erwarten.
2. Tun Sie – logischerweise – das Gegenteil davon.
3. Lenken Sie die Aufmerksamkeit der anderen auf die Diskrepanz zwischen der durch ihr Klischee genährten Erwartungshaltung und Ihrem neuen Verhalten.
4. Wiederholen Sie den Prozeß oft genug, um andere davon zu überzeugen, daß Ihr neues Verhalten nicht nur eine vorübergehende Laune ist.

Erwartungshaltung herausfinden

So frustrierend es sein mag, Sie müssen auf die entmutigenden Ergebnisse Ihrer anfänglichen Nachforschungen, wie andere Ihr Verhalten empfanden und darauf reagierten, zurückgreifen. Diese Rückschau ist sicher unangenehm, schützt Sie aber vor der natürlichen Tendenz, Ihr altes Verhalten positiver zu rekapitulieren als es tatsächlich war. Wir alle neigen dazu, unser vergangenes Verhalten in einem möglichst günstigen Licht zu sehen. Betrachten Sie sich mit den Augen derer, die ein neues Image von Ihnen bekommen sollen – rücksichtslos und objektiv. Waren Sie aus ihrer Sicht jemand, der „sich nie richtig mit leistungsschwachen Mitarbeitern auseinandersetzte", ein „Besserwisser, unfähig zur Nuancierung", oder wie Nicole „unorganisiert, unreif und emotional unstabil"? Überlegen Sie, welche Verhaltensweisen sich aus dieser Wahrnehmung ergeben. Sieht man Sie beispielsweise als jemanden, der gut mit Menschen umgehen, aber keine harten Entscheidungen treffen kann, werden die mit diesem Klischee Gewappneten erwarten, daß Sie bei der anstehenden Budgetplanung schwierige und unpopuläre Sparentscheidungen aufschieben, bis die Umstände (oder vielmehr Ihr Chef oder der Leiter der Finanzabteilung) Ihnen die Verantwortung abnehmen.

Das Gegenteil tun

Um Klischees zu brechen, müssen Sie die anderen mit einer Leistung konfrontieren, die ihre vorgefaßte Meinung so offenkundig und klar widerlegt, daß sie das Gesehene entweder leugnen (anfangs durchaus eine Möglichkeit) oder das Ihnen angehängte alte Image durch ein neueres, adäquateres ersetzen müssen.

Ihr erster Schritt besteht darin, Situationen zu bestimmen, in denen ein solch klischeekonträres Verhalten machbar und praktikabel ist. Danach überlegen Sie im Detail, was sie sagen und tun wollen.

Angenommen, man erwartet von Ihnen, daß Sie mehrere Abteilungseinheiten unter Ihrer Führung konsolidieren und damit langjährige Mitarbeiter vor die Alternative stellen, entweder zu kündigen oder empfindlich herabgestuft zu werden. Ihrem alten Image entsprechend würden Sie belastende Entscheidungen wie diese aufschieben. Ihr neues Selbst dagegen bedauert es zwar ebenfalls, so mit langjährigen Mitarbeitern verfahren zu müssen, doch es sieht den Notwendigkeiten ins Auge. Sie machen Ihre Hausaufgaben und tauchen zur Montagskonferenz mit einem soliden, fairen Konsolidierungsplan in der Tasche auf. Sie unterbrechen den Ablauf der Konferenz, um Ihren Punkt auf die Tagesordnung setzen zu lassen.

Nachdem Ihr Punkt aufgerufen wird, stehen Sie auf, um sich Aufmerksamkeit zu verschaffen, erklären mit Bestimmtheit, daß ein weiterer Entscheidungsaufschub die Unsicherheit der Mitarbeiter nur hinauszögert, skizzieren die Gründe für Ihren Vorschlag und drängen auf eine Verabschiedung der Entscheidung vor Ende der Konferenz.

Die Aufmerksamkeit anderer auf Ihr neues Verhalten lenken

Nach der Konferenz diskutieren Sie Ihr Vorgehen mit Ihrem Chef, Ihren Mitarbeitern, Kollegen und allen, die es interessiert. „Es war eine schwere Entscheidung, die fair, aber energisch getroffen werden mußte, und ich tat, was ich konnte, damit die Sache diesmal schneller über die Bühne ging als früher üblich", könnten Sie zum Beispiel sagen. Natürlich nur, wenn so Ihre wirkliche Meinung lautet, denn Ihr Ziel ist es nicht, anderen vorzumachen, Sie seien anders als Sie sind, sondern nur, sie zu zwingen, die Realität zu akzeptieren: daß die alten Verhaltensmuster nicht mehr auf Sie zutreffend sind.

Genauso sollten Sie Ihr Vorgehen mit anderen Personen diskutieren, die Ihre Veränderungsbemühungen miterlebt haben und in der Konferenz waren, und sie um Feedback über Ihre Entschlossenheit (nicht über Ihr Auftreten in der Konferenz) bitten. Sofern es Ihnen nicht unangenehm ist – und ich würde das ein wenig forcieren –, können Sie die Möglichkeit anschneiden, daß die beobachteten Veränderungen an höhere Stellen weitergegeben werden.

Manchmal erfordert Ihr Anliegen eine raffiniertere Planung und die Unterstützung anderer Personen, die einsehen, daß Ihr Image sich nie ändern wird, wenn die Dinge einfach so weiterlaufen. Nicoles Fall ist ein interessantes Beispiel für einen Imagereparaturplan mit genauer Besetzungsliste und langfristiger Zielsetzung. Außerdem bietet er einen Ansatz, wie Sie beispielsweise Direktoren, zu denen Sie nur begrenzten Kontakt haben, zum Umdenken bewegen können.

Nicole und Martin dachten also über einen Plan nach, wie sie verhindern könnten, daß Dan Corbett ihr auch bei der nächsten Beförderungschance dazwischenfunkt. Nicoles ursprüngliche Idee: einen Termin mit Corbett vereinbaren und überzeugend darlegen, wie gut sie inzwischen bei Planung und Organisation geworden war. Vielleicht mußten sie sich einfach nur besser kennenlernen.

Doch davon riet Martin ab: „Auf Anhieb klingt das gut, doch unter seiner aalglatten Hülle ist Danny ein harter, alter Brocken, der meint, du wolltest auf seine Tränendrüsen drücken. Und entsprechend gönnerhaft wird er dich behandeln. Nein, wir müssen ihn überraschen, und ich hab' auch schon eine Idee, wie uns das gelingt."

Dann schlug Martin vor, Nicole solle eine Präsentation für die Konferenz für Bewährungshilfe vorbereiten – er saß im Veranstaltungskomitee und könnte sie auf die Sprecherliste bringen. Auf seinen Rat hin schrieb sie ein Referat über ein von ihr entwickeltes System zur organisierten Beobachtung von Bewährungskandidaten mit hohem Risikofaktor. Wie Martin sich ausdrückte: „Du sagst ihnen nicht nur, daß du organisierter bist – du beweist es ihnen schwarz auf weiß."

Nicole rief Corbett an, der ein renommierter Experte für die Arbeit mit Gang-Mitgliedern war, um ihn nach neuer Literatur zu ihrem Thema zu fragen. Später schickte sie ihm – ungebeten – eine Kopie ihres Referats, dazu eine Karte, in der sie sich bedankte und ihrer Hoffnung Ausdruck gab, er würde bei der Podiumsdiskussion dabei sein.

Martin und Nicole hatten zuvor erwogen, ob Martin Corbett aufsuchen und seine Beförderungsempfehlung rechtfertigen solle, sich aber dagegen entschieden. Statt dessen weihte Martin seinen Chef Howard, den regionalen Bewährungskommissar, in den von ihm und Nicole ausgeheckten Plan ein und bat um seine Mithilfe. Unwillig, einen höhergestellten und sehr einflußreichen Verwaltungsbeamten offen herauszufordern, war Howard immerhin bereit, Nicole ihm gegenüber so oft wie möglich zu loben. Wie sich später zeigte, war es ein kluger Schachzug, Howard mit einzubeziehen.

Corbett hörte tatsächlich einen Teil von Nicoles Präsentation an. Hatte er ihr Referat überflogen und war beeindruckt genug gewesen, um sie in Aktion erleben zu wollen? Oder wollte er nur seine alte Meinung, sie sei unreif, bestätigt sehen? Oder womöglich – der Gedanke ließ sie schaudern – sah er sie plötzlich als jung, attraktiv und vielleicht naiv genug an, um sich von einem gutaussehenden, graumelierten Mittfünfziger beeindrucken zu lassen? Jedenfalls stand er auf und kam zum Podiumstisch, um ihr, wie Nicole annahm, einen gönnerhaften Klaps auf die Schulter zu geben. Sie kam ihm jedoch zuvor und ergriff seine Hand, führte ihn um den Tisch herum und stellte ihn den Übrigen vor, die ihn nur vom Hörensagen kannten.

Ob er verblüfft war von Nicoles Widerstand gegen die gönnerhafte Geste oder der beherzten Art, wie sie ihn vorstellte, oder geschmeichelt, wie respektvoll man ihn begrüßte, oder einfach beeindruckt von ihrer Präsenz als Sprecherin und der Qualität ihres Referats – jedenfalls war Corbetts veraltetes Image von ihr kräftig ins Wanken geraten.

Erste Anzeichen dafür gab es noch am gleichen Abend. Auf dem Rückflug von der Konferenz erwähnte Corbett gegenüber Howard sein Interesse an Nicoles Thema und hörte sich dann still an, wie Howard sie als kenntnisreichste und allgemein effektivste Bewährungshelferin in seinem gesamten Team beschrieb. Daraufhin, so erzählte Howard später, wechselte Corbett ohne ein weiteres Wort das Thema, sprach über die Highlights des Abendprogramms und freute sich, unter den Konferenzteilnehmern ein paar alte Freunde getroffen zu haben.

Wie radikal hatte sich Corbetts Meinung über Nicole geändert? Sah er in ihr jetzt etwa ein Riesentalent auf dem Weg in eine glänzende Zukunft? Eine nette Vorstellung, doch die Realität war ernüchternd. Sieben Monate nach der Konferenz wurde wieder eine Stelle für einen leitenden Bewährungshelfer frei. Wieder war Nicole die Top-Anwärterin für den Job, wieder mußte ihre Kandidatur nur durch den

Behördenleiter bestätigt werden. Doch als er dieses Mal mit hochgezogenen Augenbrauen um Corbetts Stellungnahme bat, meinte der gelangweilt: „Macht einfach, was ihr wollt. Können wir jetzt mit der Tagesordnung fortfahren?" Nachmittags sagte Martin zu Nicole am Telefon: „Damit dieser Knabe zugibt, daß er falsch lag, ist mehr als nur ein Sinneswandel erforderlich. Aber da wir ihn ja nur auf neutral polen wollten, würde ich sagen: Mission gelungen. Meinen Glückwunsch, Nicki – ääh, ich meine, Frau Leiterin."

Bisher haben wir Schritt für Schritt einen generellen Ansatz erörtert, wie Sie persönliche Attribute identifizieren, kontrollieren und ändern können, die Ihren Erfolg – und Ihre Befriedigung – im Beruf potentiell behindern. In Teil II, „Tips zur Umsetzung der Methoden", finden Sie nun Leitlinien, spezifische Vorschläge, Faustregeln und hoffentlich die ein oder andere hilfreiche Perspektive, wenn Ihre eigene Recherche bestätigt hat, daß Sie von einer oder mehreren der gängigsten Varianten schwierigen Verhaltens betroffen sind.

Teil II:
Tips zur Umsetzung der Methoden

Die nächsten vier Kapitel dienen dazu, den in den Kapiteln 1 bis 5 erörterten generellen Ansatz individueller zu fassen und Ihnen zu helfen, Ihr eigenes Verhaltensänderungsprogramm zu planen. Sie enthalten Beispiele und maßgeschneiderte Tips für eine Auswahl schwieriger Verhaltensmuster, deren Veränderung meiner Erfahrung nach am häufigsten angestrebt wird. In jedem Kapitel finden Sie:

- Fallstudien zur Veranschaulichung des Verhaltens.
- Eine Checkliste, die Ihnen beurteilen hilft, ob Sie – zumindest zeitweise – von diesem bestimmten Problemverhalten betroffen sind.
- Eine kurze Aufzählung von Motivationen und Befriedigungen, die in der Regel mit diesem Problemverhalten assoziiert werden. Da Menschen sehr komplex sind, kann es sein, daß die einem bestimmten Problemverhalten zugeordneten Motivationen und Befriedigungen von Ihren abweichen. Die Aufzählung ist nur als Orientierung gedacht, damit Sie sich über Ihre Wünsche und Bedürfnisse klar werden, die Ihrem Verhalten möglicherweise zugrunde liegen. Ihre Befriedigungen sind aus zwei Gründen wichtig: Erstens, weil Ihr neues, unproblematisches Verhalten diesen wichtigen Ingredienzien Ihrer Persönlichkeit Rechnung tragen muß (andernfalls würden Sie Ihr Änderungsprogramm schnell aufgeben); und zweitens, weil es eben diese Befriedigungen sind, die Sie, wie der Ruf der Sirenen, zu einer Rückkehr zu Ihrem alten Verhalten verführen können.
- Hindernisse, die Ihrer Verhaltensänderung im Wege stehen können.
- Situationen oder Ereignisse, die Ihr Problemverhalten häufig auslösen.

- Beispiele für Ersatzverhaltensweisen, die bei anderen funktionierten und mit deren Hilfe Sie eigene Formeln entwickeln können. Diese Beispiele illustrieren die Notwendigkeit, daß Ihr Ersatzverhalten einerseits Ihren Befriedigungen Rechnung trägt, andererseits modifiziert genug ist, um die unerwünschten Nebeneffekte zu vermeiden.
- Anhaltspunkte dafür, daß Ihr altes Verhalten Sie möglicherweise wieder einholt – da Sie gerade glaubten, es für immer hinter sich gelassen zu haben.

6.
Tips zur Umsetzung der Methoden für Machtmenschen, Kontrollfreaks und andere starke Persönlichkeiten

Das Verhalten

Fall 1: Hartgesottener Henry

Henry Leigh war einer von vier Gesellschaftern einer schnell wachsenden Softwarefirma. Ungewöhnlich kreativ, hatte er keine Probleme, fähigen Nachwuchs für seine neu gegründete Netzwerkabteilung an Land zu ziehen. Sein Problem bestand darin, diese Leute auch zu halten. Als zwei der ersten sieben Neuzugänge noch vor Ablauf der Zweijahresfrist – die mindestens notwendig war, damit sich die verlangten hohen Anfangsgehälter, teilweise wieder für die Firma amortisierten – kündigten, erklärte Henry: „Schade, sie machten einen guten Eindruck, aber dem Druck, den ich auf sie ausüben mußte, damit wir unsere Ziele erreichen, waren sie einfach nicht gewachsen."

Als auch der dritte der „sieben Samurai" nach einer lautstarken Auseinandersetzung das Handtuch warf, beschlossen die anderen Gesellschafter, der Sache auf den Grund zu gehen. Sie waren verwirrt, denn seine Untergebenen zeichneten von dem im Umgang mit ihnen und den Kunden charmanten, eloquenten und aufgeschlossenen Henry ein komplett anderes Bild. Die meisten beurteilten ihn als kaltherzig und sarkastisch – ein Sadist, dem es Spaß machte, sie in aller Öffentlichkeit zu demütigen.

Richard Faro, seine rechte Hand und einer der wenigen, die zu ihm hielten, beschrieb sein übles Verhalten anhand einer typischen Szene: „Vor einer Woche überprüften wir ein neues Netzwerkpaket, das Harry und Elly für unseren wichtigsten Airline-Kunden entwickelt hatten – ein echter Durchbruch für uns dieses Jahr. Sie hinkten ein paar Wochen hinter dem Zeitplan her, aber herrje, darauf muß man bei einem Megaprojekt eben gefaßt sein. Henry sah das anders – er ging wie eine Furie auf sie los: Sie hätten ihm nicht gesagt, daß sie spät dran waren, sie würden ihre Techniker nicht beaufsichtigen und wären absolut undankbar, wo er doch soviel für sie getan hätte. Das Schlimmste daran: Er redet mit ihnen, als seien sie zwei hergelaufene Taugenichtse und nicht die Computergenies, die sie in Wirklichkeit sind.

Nachdem Harry und Elli gegangen waren – keine Ahnung, ob sie mehr sauer oder mehr verletzt waren –, sagte ich zu Henry, er habe den Bogen mal wieder weit überspannt. Und wissen Sie, was er antwortete, vollkommen cool? 'Klar sind die beiden kompetent, Richard, aber sie haben keinen Sinn fürs Geschäft. Wenn ich nicht ständig hinter ihnen her bin, schaffen wir nie unsere Marketingziele. Außerdem lassen sie jetzt bestimmt keinen Termin mehr sausen, ohne mich zu informieren.'"

Mir gegenüber bezeichnete sich Henry als hart, aber gerecht, „ein Delegierer", der sämtliche Arbeitsschritte auf seine Mitarbeiter verteilt. Die behaupten allerdings, sie müßten ihm jede Woche Rechenschaft ablegen, könnten nichts unternehmen, bis er nicht alles haarklein überprüft und sein Okay gegeben habe. Seltsamerweise bewertete das Gros seiner Mitarbeiter, sogar die, die ihn als Chef unmöglich fanden, dieses Nachfassen als vorteilhaft.

Wie Richard es ausdrückte: „Irgendwo hat Henry recht. Die meisten hier sind hochbegabte Softwarejunkies, keine Geschäftsleute. Ich glaube, der Druck, den er auf sie ausübt, stört sie nicht sonderlich, weil sie so ihre Projekte wenigstens zum Abschluß bringen. Ich wünschte nur, er wäre nicht immer so beleidigend. Wissen Sie, was Elly zu mir sagte, drei Tage nachdem sie und Harry Schelte bezogen hatten?

'Vor meinem Einstieg ins Berufsleben schwor ich mir, ich würde mich nie von einem Chef zum Weinen bringen lassen. Henry hat das in dem einen Jahr, das ich jetzt hier bin, schon zweimal geschafft. Gute Bezahlung und spannender Job hin oder her – ich weiß nicht, wie lange ich das aushalte.'"

Fall 2: Kate, die korrekte Ingenieurin

Kate Gulden arbeitete beim technischen Beratungsdienst eines Großunternehmens. Sie konnte von allen Unternehmenszweigen zur Lösung vertrackter technischer Probleme angerufen werden. Rein theoretisch sollte der Beratungsdienst den Außendienstingenieuren nur helfend zur Seite stehen, zumal diese meist nur ungern zugaben, daß sie mehr als ein bißchen Hilfe nötig hatten. Kate jedoch, die zu recht glaubte, mehr auf dem Kasten zu haben als jeder andere, meinte, ihr Job sei es, alles unter Kontrolle zu behalten, und denjenigen, die sie um Rat ersucht hatten, exakt vorzuschreiben, wie sie diesen umsetzen sollten.

Ihren erzürnten Kunden fiel es schwer zuzugeben, daß ihre Lösungen für angeblich unlösbare Probleme in 75 Prozent aller Fälle tatsächlich funktionierten. Ihr Chef wußte das, aber da er ihren Arbeitsmodus nicht ganz durchschaute, war er um so verwirrter, daß die Zahl derer, die um ihre Hilfe baten, konstant zurückging, obwohl laut Analysen der generelle Beratungsbedarf eigentlich ansteigen sollte.

Meine Interviews mit Gebietsmanagern und Außendienstleitern brachten keine Überraschungen:

„Als Ingenieurin hat sie extrem viel drauf, aber ich kann ihren überlegenen Ton nicht ausstehen."

„Sie hat immer recht, egal wie unrecht sie hat."

„Ihre Lösungen sind zwar technisch korrekt, aber sie berücksichtigt weder die Wünsche unserer Kunden noch den Kostenfaktor noch was unsere Jungs vor Ort tun können."

„Wir haben sie bei vier Problemen eingeschaltet; dreimal funktionierten ihre Lösungen perfekt, das vierte Mal war eine Katastrophe. Mein Außendienstleiter meinte, er hätte ihr einmal zu erklären versucht, daß manche Ersatzteile früher kaputtgehen als erwartet, aber sie reagierte einfach stur und bombardierte ihn mit ihren Berechnungen, bis er keine Lust mehr hatte, weiter zu streiten. Er verfuhr laut ihrem Plan, und es hat ein Jahr gedauert, um wieder dahin zurückzukommen, wo wir vor sechs Monaten hätten sein sollen."

„Ich wende mich nach wie vor an Kate, wenn irgend etwas hier unten wirklich schiefläuft, weil sie extrem gut Bescheid weiß, aber ich fände es toll, wenn sie lernen würde, dem Verstand anderer ein bißchen Platz zu geben."

Henry und Kate waren beide starke Persönlichkeiten. Außerordentlich kompetent, verleitete ihre natürliche Aggressivität sie dazu, sich schnell und ungebeten in alles einzuschalten. Durch ihren Einfluß wurde die Arbeit anderer effizienter, und obwohl sie mit harten Bandagen kämpften, ernteten sie doch Bewunderung von denen, die den Wert ihrer ansteckenden Energie und Power anerkannten.

Leider brachte ihre zupackende Art langfristig Nachteile – sowohl für sie selbst als auch für ihre Unternehmen. Weil sie nie gelernt hatten, ihren Wunsch nach Autorität überlegt und besonnen umzusetzen, fühlten sich kompetente Mitarbeiter von ihnen unterschätzt, eingeschüchtert und gedemütigt; andere – und nicht nur die Schwachen und Inkompetenten, wie sie annahmen – verprellte sie; Untergebene und Kollegen hatten keine Chance, sich unter ihrer Knute weiterzuentwickeln.

Beide, sowohl Henry als auch Kate, schüchterten ihr Umfeld ein, wenn auch auf unterschiedliche Weise. Der Machtmensch Henry verwendete die Autorität seiner Position und bestimmte Angriffstechniken, um sein Umfeld zu manipulieren. Kate, ein Kontrollfreak mit brillantem Fachwissen, besaß ein unerschütterliches Selbstvertrauen, kombiniert mit einer unverbesserlich gönnerhaften Art, die beide von ihrer Überzeugung genährt wurden, stets im Recht zu sein.

Anzeichen dafür, daß Sie als Machtmensch oder Kontrollfreak gesehen werden

Möglicherweise werden Sie als einschüchternd, dominant, schroff oder verschlossen gesehen. Erste, aber sichere Anzeichen hierfür sind:

- Sie fühlen sich von Weicheiern, „Pflaumen" und Jasagern umgeben, die Ihnen nie die Stirn bieten (Machtmensch), oder von nachlässigen Nichtskönnern, für die Gewissenhaftigkeit und Sorgfalt Fremdwörter sind (Kontrollfreak).
- Ihr Chef hat vorgeschlagen, Sie sollten lernen, besser zu kommunizieren, aufmerksamer zuzuhören oder freundlicher zu sein.
- Ihnen wurde vorgeworfen, Sie seien ein Schwarzweißmaler – unfähig zur Nuancierung.
- Sie wurden beschuldigt, sturköpfig, unbeweglich oder dogmatisch zu sein, wo Sie doch genau wissen, daß Sie einfach nur eine selbstbewußte, willensstarke Persönlichkeit sind, die auch angesichts von Zweifeln ihren Kurs entschlossen fortsetzt.
- Sie überkommt oftmals ein Gefühl wohliger Bestätigung, wenn andere kleinlaut oder voll Groll das tun, was Sie ihnen auftragen – speziell wenn sie es gegen ihren Willen tun.
- Sie fühlen sich jenen unweigerlich überlegen, die keinen Mumm haben, sich Ihrer energischen Art, scharfen Logik oder klaren Faktenaufbereitung zu widersetzen.

Motivationen und Befriedigungen, die diesem Verhalten häufig zugrunde liegen

Motivationen

- Ein starkes, tief verwurzeltes Bedürfnis, Verantwortung zu tragen, Einfluß auf und Kontrolle über Ihre Umwelt auszuüben, indem Sie andere manipulieren (Machtmensch).
- Ein starkes Bedürfnis, Ihre Umwelt zu kontrollieren und vor Überraschungen sicher zu sein, indem Sie auf Information, Logik und Rationalität setzen und beweisen, daß Ihre Version der Realität die einzig richtige ist (Kontrollfreak).

Befriedigungen

- Zusehen, wie andere eifrig bemüht sind, Ihre Ideen, Pläne und Anweisungen durchzuführen.
- Einmal mehr beweisen, daß Sie verglichen mit anderen überlegen, kompetent und stark sind.
- Das Gefühl haben, kompetent zu sein, Probleme und Menschen unter Kontrolle zu haben.

Hindernisse, die einer Verhaltensänderung im Wege stehen können

Die Schwierigkeit, die permanente Versuchung zuzugeben, sich durch Bloßlegung der Schwächen anderer der eigenen Unverwundbarkeit zu versichern (es ist ein gutes Gefühl, sich mächtig und allwissend zu fühlen).

Mögliche Auslöser

- Tonfall, Standpunkt oder Wortwahl eines anderen, die Sie als Affront gegenüber Ihrer Autorität oder Ihrer Fähigkeit, Ihre Kontrollposition zu bewahren, auffassen.
- Widerspruch gegen Ihre Ideen, Anweisungen oder Pläne.
- Jammern, Lamentieren, Beschwerden, Beschwichtigungen oder sonstige Anzeichen von Schwäche bei anderen.
- Verpaßte Termine, Zeitdruck, Projekte zügig durchpeitschen müssen.

Ersatzverhaltensweisen

- Wenn Sie von einem Problem in Kenntnis gesetzt werden, achten Sie darauf, *immer* diese Hauptrichtlinie für interpersonelle Effektivität zu befolgen (ich nenne sie Regel 1): Hören Sie zu, bevor Sie berichtigen, Vorwürfe machen, Anordnungen treffen oder versuchen, Ihren Plan durchzusetzen.
- Verwenden Sie eine weniger befehlshafte oder diffamierende Sprache zur energischen Darlegung Ihres Standpunkts. Zum Beispiel:
  - „Ich muß darauf bestehen", statt „Tun Sie's!" (Die erste Formulierung wirkt weniger hart).
  - „Möchten Sie den Plan noch irgendwie ergänzen, bevor Sie anfangen, ihn umzusetzen?" statt „Machen Sie es so, wie ich gesagt habe".
- Wenn Sie merken, daß Sie rückfällig geworden sind und sich über Zweifel oder Einwände Ihrer Mitarbeiter hinwegsetzen, sagen Sie: „Moment mal, Richard, erkläre mir doch bitte kurz, wie du die Sache angehen würdest."
- Wenn Sie merken, daß Sie einen Mitarbeiter oder Kunden mit Ihrer genialen Logik ins Boxhorn jagen wollten, sagen Sie: „Ich glaube, meine Fakten stimmen, aber vielleicht habe ich ja nicht richtig verstanden, worauf Sie

wirklich hinauswollten. Würden Sie sich noch einmal wiederholen?"
- Um einer sarkastischen Bemerkung die Spitze zu nehmen, korrigieren Sie: „Das war jetzt sarkastisch ausgedrückt, weil ich diesen Punkt für extrem wichtig halte."
- Wenn Sie merken, daß Sie einen etwas zu harschen Marschbefehl gegeben haben („Worauf warten Sie noch? Hopphopp!"), räumen Sie ein: „Ich weiß, ich klinge kurzangebunden, aber ich möchte nur, daß wir in die Gänge kommen. Wir werden später noch eingehender darüber reden."
- Wenn Sie merken, daß Ihr energisch dargebrachter Standpunkt als Entscheidung interpretiert und eine fruchtbare Diskussion dadurch vereitelt wurde, schränken Sie ein: „Das ist noch keine Entscheidung, sondern nur mein momentaner Standpunkt."

Anhaltspunkte für einen Rückfall

- Ihre Finger deuten, während Sie sprechen, direkt auf Ihr Gegenüber oder tippen auf seine Schulter.
- Sie fühlen sich ungeduldig und gereizt, erteilen „Kommandos".
- Ihre Stimme klingt gereizt oder sarkastisch: „Was, Sie sind *schon* soweit?"
- Sie merken, wie Sie einen Vortrag halten/eine Lektion erteilen, statt eine Diskussion anzuregen.

Was Sie sich merken sollten

Erstaunlicherweise haben „harte Nüsse" wie Sie nach meiner Erfahrung die besten Chancen, ihr Verhalten zu modifizieren – Ihre Untergebenen freilich werden das erst für möglich halten, wenn sie bleibende Veränderungen feststellen. Ich sage das, weil für streitsüchtig Veranlagte der erste Schritt riesig ist und Sie ihn vermutlich lästig finden werden. Das Gefühl von Macht, wenn Sie sich gegen Ihre weniger aggressiven Mitmenschen durchsetzen, macht Spaß. Sich regelmäßig zu ermahnen, wie sehr Sie Ihre Chancen damit beschneiden, wirkt dagegen lästig, ist aber der notwendige erste Schritt.

Sofort nachdem Sie Ihr Lieblingsopfer angeschrien, plattgewalzt oder einen Kopf kürzer gemacht haben, sollten Sie sich zu einem Moment des Nachdenkens zwingen. In diesen Sekunden der Reflexion erinnern Sie sich, daß Sie in den Augen anderer weniger als Dynamiker denn als unbeförderbarer Prahlhans oder rechthaberischer Dickschädel erscheinen mögen, der keinerlei interpersonelle Fähigkeiten besitzt – ein Handicap in diesen prozeßfreudigen Zeiten, die von sensiblen und hochqualifizierten Mitarbeitern, generationsbedingten Wertverschiebungen und anderen Klimaveränderungen in der Arbeitswelt geprägt werden.

Es gibt zahlreiche Hinweise, daß die stille Reflexion – womöglich nicht gerade Ihre Stärke, aber versuchen Sie's trotzdem – direkt nach einem Verhaltensrückfall jenen, deren Grenzüberschreitungen aggressiver Natur sind, beim Lernen und Festigen interpersoneller Fähigkeiten hilft. Wenn Sie das oft genug tun, werden Sie in der Lage sein, von dialogorientierten Trainingsprogrammen, die Sie früher gemieden oder nur widerstrebend und gelangweilt abgesessen haben, wirklich zu profitieren. Außerdem werden Sie das befriedigende Wissen besitzen, daß es Ihnen leichter fällt, Ihr schwieriges Verhalten im Zaum zu halten als anderen, deren störende Attribute weniger extrovertriert und hemmungslos sind.

7.
Tips
zur Umsetzung der Methoden, wenn Sie zu nett, zu hilfsbereit oder zu fürsorglich sind

Das Verhalten

Fall 1: Freundliche Frieda

Am Anfang verstand ich nicht, wieso sich Frieda Bassett, die einzige Sicherheitsberaterin im Regionalbüro einer Versicherungsgesellschaft, um ihre berufliche Zukunft sorgte, denn sie schien bei allen Mitarbeitern auf allen Ebenen gleichermaßen beliebt. Mit achtunddreißig wirkte sie vom Aussehen und Benehmen her zehn Jahre jünger, schien immer gutgelaunt, zerstreute aufkeimende Konflikte regelmäßig mit kleinen Witzeleien und kümmerte sich als Zentralfigur des büro-internen Party- und Pizza-Kommandos darum, daß Geburtstage und Beförderungen gebührend gefeiert wurden.

Bei unserem ersten Treffen, das auf ihr Drängen hin in der Mittagspause stattfand, schnatterte sie gleich munter drauflos, fragte mich nach Einzelheiten meines Beratungspakets für die Versicherungsgesellschaft und lauschte meinen Antworten voll Bewunderung.

Nach dem Mittagessen erinnerte ich sie daran, ein Problem erwähnt zu haben, das sie mit mir besprechen wollte. Plötzlich sah sie aus, als habe man jegliche Regung aus ihrem Gesicht entfernt. „Tatsache ist", sagte sie, „ich komme jetzt seit zwölf Jahren mit allen gut aus, habe aber nur eine Beförderung aufzuweisen. Meine Zahlen stimmen; ich habe gezeigt, daß ich mit Leuten umgehen kann – wieso bin ich nicht längst Managerin?"

"Was sagt Jack (der Regionalmanager) dazu?" wollte ich wissen.

"Das ist genau der Punkt, warum ich hier bin", sagte sie. "Als ich ihn fragte, meinte er, ich hätte eine fabelhafte Persönlichkeit und er sei froh, mich im Team zu haben, aber für einen Managerposten fehle es mir an Substanz. Was zum Teufel soll das denn heißen?"

Am nächsten Tag fragte ich Jack persönlich. "Ja", antwortete er nachdenklich, "ich habe vorgeschlagen, daß sie mit Ihnen redet, weil sie offenbar nicht ganz verstand, was ich ihr sagen wollte. Aber das läßt sich auch schwer erklären. Ich meine, wie kann ich sagen 'Frieda, Sie sind zu enthusiastisch, zu freundlich, zu fröhlich und definitiv zu entgegenkommend'? Außerdem ist das noch nicht alles. Sie widerspricht nie jemandem, auch mir nicht. Das heißt nicht, daß sie immer tut, was ich möchte, aber sie stellt mich nie offen zur Rede. Ich kann sie nicht guten Gewissens als Managerin oder für eine beförderungsbezogene Fortbildung vorschlagen. Wirklich jammerschade, denn sie ist so eine nette Person."

Fall 2: Idealistische Irene

Irene Sowers arbeitete als Handelsvertreterin für hochpreisige High-Tech-Elektronikinstrumente. Ihre Erfolgsquote war die höchste in der ganzen Firma, doch noch stolzer war sie auf die Tatsache, daß mehr und mehr Kunden ihren früheren Lieferanten den Laufpaß gaben und bei ihr bestellten. Nach eigenem Bekunden bestand ihr Geheimnis darin, daß sie aufmerksam zuhörte und so lange keine Ruhe gab, bis sie die Probleme ihrer Kunden genau kannte. Dann schlug sie Lösungen vor, die oft weniger kosteten als befürchtet, und riet ihren Kunden bisweilen sogar zu einem preiswerteren Mitbewerberprodukt, um zu testen, ob es für ihre Bedürfnisse nicht ausreichte. Wie sollten ihre Kunden nicht davon überzeugt sein, daß sie und ihre Firma auch später bei Service und technischer Unterstützung vorbildlich sein würden?

Warum waren ihr Vorgesetzter und dessen Chef dann nicht nur von ihrer Leistung enttäuscht, sondern erwogen sogar, ihr eine Produktlinie mit weniger Prestige und geringerem Profit zuzuteilen? Ganz einfach: weil Irene mehrmals, trotz anderslautender Anweisung, massive Rabatte und exorbitante Garantiezeiten verhandelt (oder „verschenkt", wie ihr Chef sich ausdrückte) hatte.

„Für unseren langfristigen Erfolg müssen wir Stammkunden gewinnen – nicht versuchen, aus einem Produkt möglichst hohe Profite herauszuquetschen", erzählte mir Irene. „Außerdem sind die meisten unserer Kunden im Gesundheitswesen beschäftigt und werden ohnehin schon von allen Seiten geschröpft. Ich weiß, es geht ihnen schlecht, und sie können sich unsere Preise einfach nicht leisten."

„Klar hat Irene nicht ganz unrecht mit dem, was sie Ihnen erzählte", sagte ihr Chef, „und wir wissen das. Aber ich war vor ihr für dieses Gebiet zuständig, und ich habe diese Klagelieder jahrelang gehört. Gewiß haben es die Krankenhäuser heute schwerer, aber es stimmt auch, daß Irene ein extrem weiches Herz hat, und diese Typen von den Klinikverwaltungen wissen genau, wie sie sie einwickeln können."

Fall 3: Victor, der heimliche Verbündete

Von den sieben Personen, die ich über Victor Mills interviewte, bemerkten nur zwei – die kompetentesten zwei – etwas Negatives. Beide begannen mit den gleichen Lobreden wie die anderen. Victor, versicherten sie mir, war ein warmherziger, hilfsbereiter Chef, habe fachlich und moralisch viel auf dem Kasten. Anders als ihre Vertreterkollegen verwiesen sie dann allerdings auf eine weniger noble Seite.

„Victor ist ein wunderbarer Mensch", sagte einer. „Nicht nur die Ziele unserer Firma, vor allem seine Mitarbeiter liegen ihm wirklich am Herzen. Aber was mich stört, ist, daß er es seit Jahren durchgehen läßt, wenn einige Typen sich einen schönen Lenz machen und der Rest von uns sich doppelt ins Zeug legen muß."

Sein ebenso kritischer Kollege faßte sich konkreter: „Beispielsweise bittet Victor Jim (einen der Vertreter), bis Freitag einen Zwischenbericht vorzulegen, der bis Montag oder Dienstag in der Zentrale sein muß. Am Freitag gibt ihm Jim, den ich schon vor Jahren in hohem Bogen gefeuert hätte, bestenfalls ein paar hingeschmierte Stichworte, die Papa Victor brav mit nach Hause nimmt, übers Wochenende komplett neu schreibt und dann mit Jims Unterschrift losschickt. Victor opfert also sein Wochenende – und ich weiß, das stört ihn, weil er gerne mit seiner Familie zusammen ist –, während dieser Penner Jim Anerkennung für seinen guten Bericht erntet. Ab und zu knallen bei Victor die Sicherungen durch – dann brüllt er Jim an und stürzt mit rotem Gesicht aus seinem Büro. Zwei Stunden später steht er garantiert wieder auf der Matte, um sich bei Jim zu entschuldigen. Woher ich das weiß? Weil Jim und ich ein Büro teilen. Wenn es sowas gibt, zu nett und zu fürsorglich – dann trifft es auf Victor zu."

Und ob es so etwas gibt, aber wenn Sie Frieda, Irene oder Victor heißen, fällt es Ihnen schwer einzuschätzen, wann Sie zuviel des Guten tun, zu nett, zu entgegenkommend und zu freundlich sind. Hoffen nicht die meisten Menschen darauf, geliebt oder wenigstens akzeptiert zu werden? Empfinden Sie Mitleid mit anderen? Und sollten Sie das etwa nicht tun?

Gewiß, aber wenn Sie dieser Neigung nicht die Bereitschaft entgegensetzen, Grenzen zu ziehen und darauf zu bestehen, daß andere ihre Versprechungen einhalten, rauben Ihnen diese unzweifelhaften Tugenden Kraft und Effektivität. Natürlich kann ein Hang zu übertriebener Hilfsbereitschaft oder Fürsorge jede Beziehung belasten, aber besonders groß sind die Dissonanzen, wenn Sie über Dinge zu entscheiden haben, um die andere konkurrieren – Beförderungen, Gehaltserhöhungen, interessante Aufgaben –, weil Sie unweigerlich jemanden verärgern oder enttäuschen müssen. Indem Sie das tun, riskieren Sie einen Achtungsverlust, oder Sie müssen den Kummer der anderen solidarisch teilen und mit ihnen mitleiden.

In der Realität ist es unwahrscheinlich, daß Sie an Sensibilität für Ihre Mitmenschen verlieren oder weniger an ihrer Freundschaft interessiert sein werden. Doch fördert es vermutlich Ihre Entschlossenheit, zu tun, was nötig ist, wenn Sie sich vor Augen führen, daß es langfristig eine grausame Form von Nettigkeit ist, anderen dabei zu helfen, die Konsequenzen ihrer Handlungen zu umgehen. Oder, falls Ihre Nettigkeit eher der übereifrigen, anbiedernden Frieda ähnelt, denken Sie daran, daß Sie mit Schmeicheleien den meisten Menschen fast alles entlocken können, der Realität jedoch mit aufrichtigem Lob und konstruktiver Kritik bedeutend besser gedient ist.

Anzeichen dafür, daß Sie zuviel des Guten tun

Andere beurteilen Sie möglicherweise als „sehr netten (hilfsbereiten, fürsorglichen, freundlichen) Menschen, aber „unentschlossen", „leicht zu überrumpeln", „keine Führungspersönlichkeit", „zu weich für den Job". Erste, aber sichere Anzeichen dafür sind:

- Sie haben festgestellt, daß Sie kleinere Entscheidungen zwar leicht fällen („Verschieben Sie das Treffen auf Dienstag"), Entscheidungen von größerer Tragweite aber gerne hinauszögern bzw. sich davor drücken – besonders wenn Sie zwischen Konkurrenten eine Auswahl treffen müssen. Beispielsweise kann es sein, daß Sie eine endlose Reihe von Vorstellungsgesprächen mit Fremdbewerbern vereinbaren, nur um nicht unter dem aufstiegshungrigen Nachwuchs in Ihrer eigenen Firma wählen zu müssen.
- Sie schließen häufig Geschäfte ab, die für Sie selbst oder für Ihr Unternehmen nur begrenzt profitabel sind.
- Sie erwecken stets den Eindruck, den Standpunkt bzw.

das Produkt eines Mitarbeiters zu unterstützen – trotz innerer Zweifel und Vorbehalte.
- Sie gehen Konflikten am liebsten aus dem Weg, und es ist Ihnen rätselhaft, daß andere hitzige Debatten offenbar genießen können.
- Sie versuchen häufig, Personen, mit denen Sie geteilter Meinung sind oder Konflikte haben, zu beschwichtigen oder zu meiden, statt der feindseligen Atmosphäre zu trotzen und sich auf die Lösung des anstehenden Problems zu konzentrieren.
- Sie leisten häufig Aufräumarbeit, sowohl wörtlich, indem Sie die leeren Kaffeetassen vom Konferenztisch einsammeln, als auch im übertragenen Sinne, indem Sie die schlampige oder schlechte Arbeit anderer korrekt zu Ende führen – oftmals ohne dafür Anerkennung zu ernten (obwohl Sie insgeheim auf Anerkennung hoffen).
- Sie nehmen es anderen übel, wenn Sie mehr arbeiten müssen, um deren schwache Leistung auszugleichen, äußern diesen Ärger den Schuldigen gegenüber aber nur selten direkt. Gelegentlich reißt Ihr Geduldsfaden, und Sie werfen mit Vorwürfen um sich; meist versuchen Sie dieses unziemliche Aufbrausen wieder wettzumachen, indem Sie sich entschuldigen oder beim nächsten Mal ein Auge zudrücken.
- Sie versuchen, andere wiederholt zur Besserung zu bewegen, indem Sie ihnen Lektionen erteilen, schmeicheln oder an ihnen herumnörgeln. Den Unterschied zwischen Ihrer Methode und der Alternative, sowohl Erwartungen als auch Konsequenzen klar darzulegen und die Konsequenzen für sich sprechen zu lassen, sehen Sie manchmal ein – meistens aber nicht.
- Sie fühlen sich oft in der Zwickmühle zwischen der Weigerung anderer, sich zu bessern, und Ihrem eigenen Unbehagen bei dem Gedanken, Disziplinarmaßnahmen ergreifen zu müssen, unter denen Sie leiden, weil Ihre Mitarbeiter darunter leiden.

Motivationen und Befriedigungen, die diesem Verhalten häufig zugrunde liegen

Motivationen

- Sie wurden sehr früh im Leben mit unanfechtbaren elterlichen Geboten, was einen „anständigen Menschen" ausmacht, belastet: immer liebenswürdig sein, niemanden kränken, stets bereitwillig teilen und permanent hilfsbereit sein.
- Vermutlich sind Sie altruistischer veranlagt als die meisten Menschen. Dafür besteht in dieser Welt ein großer Bedarf, doch wie alles, was potentiell gut ist, kann auch zuviel Ethik und Nächstenliebe schaden.

Befriedigungen

- Das warme Gefühl, wenn die, denen Sie geholfen haben, Dankbarkeit zeigen – weil das selten vorkommt, ist der Effekt um so magischer.
- Das Gefühl, etwas geleistet zu haben, wenn Sie anderen einen Dienst erwiesen, sich ethisch mustergültig verhalten haben.

Hindernisse, die einer Verhaltensänderung im Wege stehen können

- Weil Sie ein so umgänglicher Mensch sind, finden andere es um so schwerer, offen mit Ihnen über störende Aspekte Ihres Verhaltens zu reden.
- Aus der Situation geht nie eindeutig hervor, ob Sie anderen eine helfende Hand entgegenstrecken oder gönnerhaft ihren Kopf tätscheln. Achten Sie darauf: Sind Sie immer derjenige, der die schlechte Arbeit anderer „repariert"? Vermeiden Sie für gewöhnlich streßbelastete Interaktionen?
- Die Versuchung ist groß, Schützenhilfe für andere oder geschicktes Ausweichen rechtfertigend als wesentlichen Teil Ihres friedfertigen Charakters zu erklären. („Ich hasse Konflikte.") Dadurch müssen Sie die Nebenwirkungen von zuviel Nettigkeit nicht eingestehen.
- Weil Sie wissen, daß Sie oft lautstark gegen die Unmoral und Rücksichtslosigkeit von Unternehmen, Institutionen und Politikern ins Gefecht ziehen, neigen Sie dazu, die Behauptungen anderer als unsinnig beiseitezuwischen, Sie seien zu nett, weil Sie unfähig oder unverantwortlich handelnde Mitarbeiter nicht zur Rechenschaft ziehen.

Mögliche Auslöser

- Sie sehen den „Ich will das unbedingt"-Ausdruck auf dem Gesicht eines Mitmenschen, der Sie bittet, zu seinen Gunsten zu entscheiden. Ein Verkäufer, der ehrlich und nicht gerade gut betucht aussieht, will eine Großbestellung von Ihnen. Obwohl Ihr Budget eigentlich schon verplant ist, könnten Sie *eventuell* doch noch eine Order herauspressen.
- Sie wittern Signale, andere könnten Sie nicht mögen. Die

Seminarklasse, die Sie leiten, zeigt beispielsweise Anzeichen von Langeweile während Ihres Vortrags.
- Sie fühlen sich undankbar behandelt. Sie helfen beispielsweise einem in Arbeit erstickenden Kollegen, der Ihren Beitrag allerdings ignoriert, geringschätzt oder unfair kritisiert.

Ersatzverhaltensweisen

Diese Ersatzverhaltensweisen erlauben Ihnen, die notwendigen Grenzen zu ziehen, berücksichtigen aber trotzdem ihr Bedürfnis, anderen gegenüber hilfsbereit und entgegenkommend zu sein.

- „Ich verstehe, wie sehr Sie wollen, daß ich ja sage, aber um meinen Job gut zu machen, muß ich nein sagen."
- Wenn man Druck auf Sie ausübt, Ihre Meinung zu ändern, nachdem Sie eine überlegte Entscheidung getroffen und diese begründet haben, sagen Sie: „Es geht einfach nicht." Auf die Frage „Warum nicht?" erwidern Sie: „Tut mir leid, es geht einfach nicht." Auf weiteres Drängen sagen Sie: „Wenn es wichtig ist, diskutieren wir später darüber." (Der Zeitpunkt für Diskussionen ist *vor* der Entscheidung, nicht danach. Da die meisten Entscheidungen nach Abwägen mehrerer Kompromisse getroffen werden, wird es immer Gegenargumente geben. Derartige Debatten werden nur durch einen konkreten Handlungsbedarf beendet.)
- „Es gehört zu meinen Aufgaben, die Leistung meiner Abteilungsmitglieder zu beurteilen. Ihre Leistung muß ich, gemessen an unseren gemeinsam verabredeten Standards, leider als schwach bewerten."
- „Einerseits tut es mir leid, wie sehr die Rezession Ihrem Geschäft geschadet hat, andererseits muß ich dafür sorgen, daß meine Firma gesund bleibt. Ihr Produkt ist ein-

fach nicht das, was wir im Moment brauchen (sorgte früher für Reparaturprobleme, erfüllt nicht unsere Qualitätsmaßstäbe)."
- Wenn Sie merken, wie Sie in Entscheidungen einzuwilligen bereit sind, obwohl Sie noch Zweifel haben, sagen Sie: „Ich brauche etwas Zeit allein, um darüber nachzudenken. Ich gebe Ihnen in einer Stunde (heute nachmittag, nächsten Montag) Bescheid."
- Wenn Sie hören, wie Sie ein übertrieben optimistisches Versprechen machen („Das habe ich bis Mittwoch fertig") sagen Sie: „Eine Sekunde, ich sehe besser kurz in meinem Terminplan nach." Halten Sie kurz inne, und bestätigen Sie dann einen realistischeren Termin: „Sagen wir bis Freitag – dann ist es ganz sicher."
- Wenn Sie sich mit Meinungsverschiedenheiten oder Konflikten auseinandersetzen müssen, sagen Sie: „Meiner Erfahrung nach hat jede Seite immer irgendwo recht ..."

Anhaltspunkte für einen Rückfall

- Sie sind nicht vollends überzeugt, trotzdem hören Sie sich sagen: „Wenn Sie es so dringend wollen, ist es wohl in Ordnung."
- Sie fühlen sich so schuldig, wenn Sie Mitarbeiter über ihre schwache Leistung unterrichten, daß es Ihnen unmöglich ist, mit ihnen so zu reden, wie Sie bei Ihrem Chef über sie geredet oder im stillen über sie gedacht haben.
- Sobald jemand mißbilligend aussieht oder klingt – ein Kunde beispielsweise, der Ihr Lächeln nicht erwidert –, versuchen Sie panisch, ihn positiv zu stimmen. Sie machen Scherze, statt mit Ihrer sorgfältig vorbereiteten Verkaufspräsentation fortzufahren.
- Sie grübeln voll Groll über Kollegen nach, die sich einen schönen Lenz machen, weil sie genau wissen, daß Sie regelmäßig einspringen, um ihre Arbeit zu übernehmen.

Was Sie sich merken sollten

Ihre Stärken sind Ihr Mitgefühl und Ihr Wissen, wie wichtig funktionierende Beziehungen für die Effektivität von Unternehmen ist. Schlagen Sie Kapital aus diesen Stärken, aber strapazieren Sie sie nicht zu sehr. Kombinieren Sie Sensibilität („Ich verstehe, wie sehr Sie wollen, daß ich ja sage ...") mit den durch Realität und Verantwortungsgefühl diktierten Grenzen („... aber mein Job zwingt mich, nein zu sagen."). Stützen Sie sich auf die Erkenntnis, daß klug gezogene Grenzen das Wachstum enorm fördern können – wie jeder Gärtner, der regelmäßig die Triebe seiner Jungbäume stutzt, zu bestätigen weiß.

8.
Tips
zur Umsetzung der Methoden, wenn Ihnen Nörgelei oder Negativismus vorgeworfen wurden

Das Verhalten

Fall 1: Norma, die kompetente Nörglerin

„Was tun Sie, Dr. Bramson", so Stadtdirektor Dirk Olsen ratlos, „wenn Sie eine Verwaltungsangestellte haben, die attraktiv, supereffizient, gut in der Öffentlichkeitsarbeit, aber leider unentwegt am Nörgeln ist? Ich habe morgens meinen Mantel noch nicht richtig aufgehängt, da meckert Norma auch schon über Paul (stellvertretender Stadtdirektor), weil er noch nicht da ist oder am Tag vorher schon um halb fünf Feierabend gemacht hat. Danach geht es weiter: mit dem Bürgermeisteramt, das unsere Autorität untergräbt, dem städtischen Bauamt, das die Bürger gängelt oder dem lausig geführten Sekretariat und ob ich wisse, daß ich meine Spesenabrechnung für letzten Monat noch nicht gemacht habe?

Und ich bitte sie nicht, den Mund zu halten – teilweise weil sie es so gut zu meinen scheint und teilweise weil ich denke, vielleicht verdienen diese Dinge ja wirklich meine Aufmerksamkeit. Und Norma hält nicht so schnell den Mund. Als ich sie bat, sich mit Büroproblemen an Paul zu wenden, meinte sie, sie erzähle mir nur, was ich ihrer Meinung nach wissen sollte. Im Moment bleibt mir nichts anderes übrig, als höflich zu bleiben und zu tun, als hörte ich ihr zu.

Als ich mich gestern durch den Berufsverkehr kämpfte, dachte ich ständig daran, daß mir bei der nächsten selbstgerechten Mecker-Arie vielleicht der Geduldsfaden reißt und ein paar Sachen rausrutschen werden, die ich dann nicht mehr zurücknehmen kann.

Warum ich ihr nicht den Laufpaß gebe? Weil sie in allem anderen den Anforderungen dieses verrückten Jobs perfekt entspricht. Sie sorgt dafür, daß ich organisiert bleibe, und schon zweimal zog sie meinen Kopf aus der Schlinge, als ich in die Offensive ging, ohne genügend Fakten zu haben. Außerdem: Kann man jemandem kündigen, dessen einziger Fehler darin besteht, daß er ständig nörgelt und sich beschwert? Wohl kaum. Aber wenn ich einen guten Grund bekäme, sie herunterzustufen, würde ich das wahrscheinlich tun. Und in der heutigen Zeit, wo die Budgets ständig schrumpfen, könnte das schon ziemlich bald der Fall sein."

Fall 2: Ned, der unverbesserliche Negativist

Das rustikale Tagungshotel, in einem pinienbestandenem Tal mit malerischem Gebirgssee gelegen, bot eine ideale Kulisse für hochfliegende Hoffnungen. Die Stimmung aller – na ja, fast aller – Tagungsteilnehmer war überschwenglich. Voll Optimismus glaubten die Angehörigen des Gesundheits- und Familienministeriums daran, lang anstehende Probleme endlich lösen zu können. War der neue Gouverneur nicht politisch sympathischer und würde daher ein paar staatliche Gelder lockermachen?

Es dauerte nicht lange – knapp 15 Minuten –, bis die 13 engagierten Konferenzteilnehmer begriffen hatten, wie illusorisch doch ihr Optimismus war – kein anderer als Ned Wilshire hatte sie zur Räson gebracht. Die Diskussion verlief wie folgt:

ELLEN (Leiterin der Gruppe): „Unser schwierigstes Problem sind gute Pflegestellen. Beginnen wir deshalb mit diesem Thema."
FRED (Aufseher eines Horts für problematische Jugendliche): „Der gleichen Meinung bin ich auch, aber die Antwort

ist simpel: Wir brauchen bessere Tagessätze für die Pflegeeltern. Mit dem, was wir maximal zahlen können, kriegen wir keine guten und die paar anständigen Leute müssen zu viele Kinder aufnehmen, um über die Runden zu kommen."
NED: „Das heißt, wir können gleich einpacken. Die Bürokraten an der Spitze dieses Ministeriums sind durch nichts zu bewegen, die notwendigen Pflegesätze zu bewilligen."
PIA (Leiterin einer Abteilung): „In der Vergangenheit stimmte das, Ned, aber jetzt..."
NED (unterbricht sie): „In Wirklichkeit hat sich nicht viel geändert, und das weißt du auch, Pia. Der neue Gouverneur ist genauso Politiker wie der alte. Die sind alle nur an Wählerstimmen interessiert, und Kinder ohne Familien wählen genausowenig wie ihre Eltern – sofern sie welche haben. Und selbst wenn wir ein bißchen mehr Geld für unseren Pflegefonds bekämen, würden uns die Herren vom Ministerium nie erlauben, unsere Tagessätze anzuheben. Nein, sie würden Druck machen, daß wir mehr miese Pflegestellen schaffen, statt die, die wir haben, auf Vordermann zu bringen, weil das die Zahlen besser aussehen läßt."
ELLEN (verstört und um Rückkehr zum Thema bemüht): „Die Frage lautet: Wie legen wir unsere Forderungen dar, damit man ihnen Aufmerksamkeit schenkt?"
NED: „Ellen, warum bestehst du auf dieser vergeblichen Liebesmüh? Wann hat uns der Direktor dieser Behörde jemals Aufmerksamkeit geschenkt? Er ist seit Ewigkeiten im Amt, weil er weiß, wie man sich bei den hohen Tieren beliebt macht. Er schert sich einen Teufel um Pflegekinder oder Kinder überhaupt. Was passierte mit deinem letzten Antrag auf Budgeterhöhung?"
ELLEN: „Nun, ich gebe zu, der kam nicht weit, aber..."
NED: (blickt triumphierend in die Runde): „Siehst du? Diese ganze Konferenz ist eine einzig Farce, damit wir meinen, unsere Meinung sei ihnen wichtig. Ist sie aber nicht."
ELLEN (verzweifelt): „Sollen wir dann zum nächsten Tagesordnungspunkt übergehen?"
FRANK (ein anderer Teilnehmer): „Nun, mich interessiert, wer, wenn wir hier durch sind, bei einer Partie Golf mit-

mischt? Draußen ist so ein herrlicher Tag. Warum machen wir nicht heute abend weiter – die, die wollen, meine ich?"

Was Nörgler und Negativisten zu sagen haben, sollte uns durchaus interessieren. Das ironische Schicksal von Nörglern ist, daß sie mit ihrer Art, auf Fehler anderer hinzuweisen, garantiert nicht ernst genommen werden – weder sie noch ihre Aussage. Negativisten stehen vor dem umgekehrten Problem: Sie stellen die dunklen Seiten so überzeugend dar, daß der Enthusiasmus, mit dessen Hilfe das vermeintlich unbezwingbare Hindernis ja vielleicht doch hätte überwunden werden können, keine Chance mehr hat. Das Ziel für Nörgler und Negativisten muß daher lauten: Lernen Sie, Ihre Besorgnis als bedenkenswertes Problem und nicht als unumstößlichen Fakt zu formulieren.

Anzeichen, daß Sie als Nörgler oder Negativist gelten

Sie gelten möglicherweise als Nörgler oder Negativist. Erste Anzeichen dafür sind:

- Sie weisen Ihren Chef oder Ihre Kollegen wiederholt auf Fehler von Mitarbeitern hin.
- Ihr Chef oder Ihre Kollegen wirken oftmals unaufmerksam, unwirsch oder nervös, wenn Sie ein Problem oder Thema anschneiden.
- Sie wurden scherzhaft gelobt oder haben sich selbst gelobt, weil Sie immer des Teufels Advokaten spielen.
- Sie merken bei genauem Hinhören, daß Ihre Stimme jammernd, mäkelnd oder nach Singsang klingt, sobald Sie das Verhalten anderer kommentieren.
- Sie merken bei genauem Hinhören, wie Ihre Ausdrucks- und Auftretensweise oft impliziert, daß Sie sich ungerecht behandelt fühlen.

- Sie empfinden häufig Ungeduld oder Ärger gegenüber anderen, die Inkompetenz, Unverantwortlichkeit, ja sogar Niedertracht, die Ihrer Meinung nach zum Himmel schreien, offenbar partout nicht erkennen.
- Sie sind fast immer derjenige, der die negativen Aspekte einer ansonsten befriedigenden und erfreulichen Leistung ans Licht bringt.

Motivationen und Befriedigungen, die diesem Verhalten häufig zugrunde liegen

Motivationen

- Eine Weltanschauung, die sich auf die mangelnde Perfektion der Dinge konzentriert.
- Parallel ein Gefühl der Hoffnungslosigkeit, weil es die perfekte Welt, die Ihnen vorschwebt, niemals geben wird.
- Mißtrauen, ob die Macht- und Autoritätsinhaber auch wirklich verantwortungsbewußt agieren.
- Extremes Unbehagen, wenn andere sich nicht so verhalten, wie sie es Ihrer Meinung nach tun sollten.

Befriedigungen

- Das wunderbare Gefühl, mutig und im Recht zu sein, wenn Sie Personen, die sich unangemessen oder unklug verhalten, konkret beschuldigt oder passive Autoritätsinhaber zum Handeln aufgefordert haben.
- Das Gefühl persönlicher Bestätigung, wenn die weitere Entwicklung ergab, daß Sie mit Ihrer eher pessimistischen Anschauung richtig lagen.
- Das Gefühl der Tugendhaftigkeit, das in Schulddiskussionen deutlich spürbar wird.

Hindernisse, die einer Verhaltensänderung im Wege stehen können

- Sie sind unfähig oder nicht bereit, Ihre Überzeugung in Frage zu stellen, daß Bemühungen um eine Problemlösung ein fruchtloses Unterfangen sind, sofern keine Erfolgsgarantie gegeben ist.
- Sie unterscheiden nicht ganz klar zwischen einer *Beschwerde*, also der Darlegung eines Problems („Das Fehlen von Räumlichkeiten für diskrete Interviews beinträchtigt den Erhalt vertraulicher Informationen") und dem *Nörgeln*, bei dem jemand für einen mißlichen Umstand beschuldigt wird. („Warum ist es einfach nicht möglich, die Räumlichkeiten zu bekommen, die wir brauchen?")

Mögliche Auslöser

- Politische oder organisatorische Veränderungen erzeugen in Ihnen das Gefühl, weniger Kontrolle über Ihr Leben zu besitzen. Beispiele: Ein Mehr an Arbeit bedingt, daß Sie Aufgaben, die Sie früher allein erledigten, nun mit anderen teilen müssen. Sie fühlen sich entrechtet, weil die von Ihnen unterstützte Partei die Wahl verloren hat.
- Ihr Unternehmenszweig wurde durch eine Fusion oder Akquisition „geschluckt".
- Themen oder Probleme, über die Sie Ihren Chef in Kenntnis gesetzt haben, werden beiseitegefegt oder ignoriert.

Ersatzverhaltensweisen

- Wenn Sie glauben, ins Nörgeln zurückverfallen zu sein, sagen Sie: „Ich klinge vielleicht, als wollte ich nur nörgeln; aber ich finde, wir haben ein paar echte Probleme zu lösen. Lassen Sie mich diese kurz wiederholen."
- Wenn Sie merken, daß Sie alle bisherigen Lösungsvorschläge abgeschmettert haben, versichern Sie: „Ich weiß, ich klinge negativ, aber ich will nur die Fallen aufzeigen, vor denen wir uns in acht nehmen müssen."
- Schlagen Sie Ihrem Chef oder einem Kollegen, mit dem Sie eng zusammenarbeiten, vor: „Wann immer ich mich anhöre, als würde ich ständig nur meckern und nörgeln, fragen Sie 'Was kann ich tun?'"
- Wenn eine Situation Sie bedrückt, die Sie Ihrer Meinung nach aber nicht ändern können, überlegen Sie sich einen kleinen Schritt, der zumindest minimale Abhilfe bringt. Ein Beispiel: Ihre Teamkollegen kommen ständig zu spät, so daß das Gros der morgendlichen Arbeit an Ihnen hängenbleibt. Statt zu nörgeln, schreiben Sie Ihrem Chef eine Notiz (mit oder ohne Unterschrift), in der Sie vorschlagen, die Auffassungen, wann der Arbeitstag beginnt, und die Konsequenzen unregelmäßiger Arbeitszeiten beim nächsten Teamtreffen zu diskutieren.

Anhaltspunkte für einen Rückfall

- Ihre Problemformulierungen beginnen, in eine Litanei von Schuldzuweisungen auszuarten.
- Sie hören, wie Sie Mutmaßungen („Kann sein, daß die Direktion nicht auf uns hört") als Fakten formulieren („Die werden nie und nimmer auf uns hören!").

Was Sie sich merken sollten

Optimisten sind oft erfolgreich, weil sie die Augen fröhlich vor real existierenden Hindernissen verschließen, die sie sonst womöglich veranlassen könnten, bestimmte Dinge gar nicht erst zu versuchen. Kein Wunder, daß sie auf düstere Prognosen und das Aussprechen häßlicher Wahrheiten, die sie viel lieber ignoriert hätten, verärgert und entnervt reagieren. Wenn Sie also nicht immer alles rosig sehen und versuchen, den blauäugigen Optimisten Nachhilfe in punkto Realität zu geben, sollten Sie darauf gefaßt sein, abfällig als Nörgler oder Negativist bezeichnet und künftig gemieden zu werden. Ihre Art, die Realität zu beschreiben, die die anderen gar nicht wahrhaben wollen, verhindert die Erkenntnis, daß Ihre Sicht die perfekte Ergänzung zum übertriebenen Optimismus anderer ist.

Der Schwerpunkt Ihrer Bemühungen zur Verhaltensänderung muß also sein, künftig stärker darauf zu achten, *wie* Sie etwas sagen, als was Sie sagen. Zunächst einmal lernen Sie, Ihre Litaneien von Fehlern, Schwächen und Hindernissen als Probleme oder Möglichkeiten zu formulieren, die vielleicht gelöst oder vermieden werden können – nicht als unüberwindbare Blockaden. Die zweite Notwendigkeit, mit der die Querulanten unter meinen Klienten oft die größten Probleme haben, besteht darin, die aus einer nicht funktionierenden Situation resultierenden Konsequenzen zu beschreiben – nicht mit dem Finger auf den Schuldigen zu zeigen.

Nachdem Norma gelernt hatte, „Paul kommt immer zu spät" zu ersetzen durch „Wenn Sie und Paul nicht bis neun Uhr im Büro sind, bin ich gezwungen, den Bürgermeister zu belügen, wenn er anruft", wurde Dirk, statt sich immer nur zu ärgern, endlich aktiv.

9.
Tips zur Umsetzung der Methoden, wenn Sie schnell aufbrausen oder leicht in Tränen ausbrechen

Das Verhalten

Fall 1: Jähzorniger Jerry – ein Mann wie ein Erdbeben

Jerry Cosel, altersmäßig in den besten Jahren, trug zwar knapp zehn Kilo Übergewicht mit sich herum und auch sein Profil war weicher geworden, trotzdem wirkte er mit 1,80 Meter Größe und muskulöser Statur noch immer imposant. Ich hatte geglaubt, er würde sich gegen unser Treffen, das der Werksdirektor auf Anregung des Gewerkschaftsvertreters vorgeschlagen hatte, sträuben, und so war ich angenehm überrascht, als er mich in seinem kahlen Büro begrüßte, mir Kaffee aufnötigte und sich anschickte, ein paar Dinge klarzustellen.

Ich unterbrach ihn, als er mir seine bisherigen Verdienste aufzählen wollte, und sagte: „Wissen Sie, Joe und Harvey sind absolut auf Ihrer Seite. Ihrer Meinung nach sind Sie der beste Materialmanager, den man sich wünschen kann – bis auf Ihre Wutausbrüche. So einer ist Ihnen jetzt einmal zu oft passiert und vor dem Schlichtungsausschuß der Gewerkschaft gelandet. Was soll das überhaupt heißen: Sie bestrafen Ihre Gruppe, indem Sie ihr die Mittagspause streichen?"

"Moment mal, verdammt, ich habe nie ...", polterte Jerry los. Doch dann besann er sich, verzog sein Gesicht und meinte: „Es stimmt, daß ich jähzornig bin, Dr. Bramson. Mein Siedepunkt lag schon immer niedrig – ich meine, ich gerate in Wut wegen Sachen, die andere nicht mal zu jucken scheinen. Aber so bin ich eben. Ich weiß, daß Joe Sie auf mich gehetzt hat, weil er keine Probleme mit der Gewerkschaft will, aber er übertreibt. Außerdem ist es bestimmt auch nicht gesund, seine Gefühle ständig unter Verschluß zu halten – das müssen Sie als Psychologe doch bestätigen."

„Erzählen Sie von Ihrem letzten Wutanfall", bat ich.

„Das war vor drei Tagen um die Mittagszeit. Wir erwarteten eine große Fracht Spezialmetalle, aber auf der Laderampe war weit und breit kein Mensch zu sehen. Ich nahm den Anruf des Fahrers entgegen, der meinte, in etwa 20 Minuten wäre er da. Ich fand Jim (einen der Lagervorarbeiter) und seine Jungs in der Cafeteria, wo es kein Telefon gibt. Na ja, und da machte ich ihn zur Schnecke, weil er das Büro unbesetzt gelassen hatte, und befahl ihnen, ihren Mittag auf der Rampe zu beenden. Ja, ich weiß, die Leute traf keine Schuld, und sie hätten ihre volle Pause haben sollen, und vielleicht war ich auch zu streng mit Jim."

„Haben Sie sich seine Version angehört, bevor Sie über ihn herfielen?"

„Nein, das hätte ich wohl tun sollen, aber es ist nunmal sein Job, sich um den korrekten Ablauf aller Lieferungen zu kümmern. Er hätte das Telefon nicht alleinlassen dürfen."

„Nun, anscheinend hat er einen Fehler gemacht", sagte ich. „Aber war es ein Riesenfehler, der eine Riesen-Standpauke verdiente, oder nur ein kleiner Fehler, der eine Ermahnung wert war, oder irgend etwas dazwischen?"

„Es gibt einen Anrufbeantworter", so Jerry nachdenklich. „Wenn er plante, den rechtzeitig abzuhören und die Lieferung vorzubereiten, dann war es wohl kein so riesiger Fehler. Ich hätte also nicht ausrasten sollen. Dabei versuche ich mich zusammenreißen, Joe ist nicht der erste, der mir gesagt hat, daß ich zu schnell in Wut gerate, aber im nächsten Moment baut jemand Mist, und schon geht mir der Gaul durch. Wenn Sie irgendein Wundermittel für mich haben – bitteschön!"

„Nun", riet ich, „statt zu versuchen, nicht in Wut zu geraten, was offensichtlich nicht funktioniert, sollten Sie trainieren, auch mal nur verstimmt oder verärgert zu sein. Wenn jemand ein bißchen Mist baut, brauchen Sie ihn weder in Grund und Boden zu stampfen noch ungescholten davonkommen zu lassen."

„Sie meinen, ich soll innehalten und überlegen, *wie sehr* und nicht, *ob* ich aufgebracht sein soll? Das klingt, als sei es einen Versuch wert."

Fall 2: Sensible Karin – nahe am Wasser gebaut

Karin Matthew hatte im Sekretariat der Geschäftsleitung eine Nachricht hinterlassen, sie wolle bei meinem nächsten Besuch einen Termin mit mir. Ich wußte, daß sie einer der Personalmanager und dem Vize-Personaldirektor direkt unterstellt war, doch unser Kontakt beschränkte sich auf ein Kopfnicken, wenn wir uns auf dem Flur begegneten.

„Dr. Bramson", fing sie an, noch bevor einer von uns Platz genommen hatte, „ich heule unheimlich schnell los – tat ich schon als Kind. Zu Hause oder im Freundeskreis habe ich damit keine Probleme – da wissen alle, daß ich so bin –, aber im Beruf gibt es nichts Unangenehmeres. Jedesmal wenn einer der Männer, mit denen ich zu tun habe, in die Offensive geht oder andeutet, ich sei dumm oder bürokratisch oder etwas in der Art, spüre ich, wie die Tränen in mir hochsteigen. Meistens schaffe ich es, die Kontrolle zu bewahren und fortzufahren, aber manchmal gelingt es mir auch nicht: Dann fließen die Tränen, meine Stimme klingt erstickt, das Treffen endet abrupt.

Einigen der Männer ist das peinlich, sie bemühen sich, wegzusehen. Andere reagieren erbost. Sie denken, glaube ich, ich wolle sie mit den Tränen weichklopfen. Am schlimmsten sind die Besorgten, die mir eilig ein Glas Wasser holen wollen. Ich habe mir angewöhnt, 'Ich komme auf Sie zurück' zu sagen und aus dem Zimmer zu gehen. Der Himmel weiß, was sie reden, wenn ich draußen bin."

„Was fühlen Sie, kurz bevor die Tränen kommen?" fragte ich.

„Meistens eine Mischung aus Verletzung und Wut. Vor allem Wut. Aber sobald ich merke, daß ich gleich zu heulen anfange – dieser Druck hinter den Augäpfeln –, fühle ich mich absolut unzulänglich, eine kleine dumme Heulsuse, die von den großen Jungs gehänselt wird. Das Verrückte daran ist, daß ich die meiste Zeit den Eindruck einer sehr entschlossenen Person mache, die bereit ist, bei wichtigen Themen einen harten Kurs zu fahren."

Sie weinte jetzt ungehemmt – Tränenbäche, heisere Stimme. „Aber herrje, sehen Sie mich doch an, 38 Jahre alt, die ersten grauen Haare – und heult wie ein Schloßhund. So jemand wird nie Vize-Präsidentin."

„Nun", sagte ich, „ich denke, Sie haben zwei Probleme und eine Aufgabe vor sich, die durchaus Spaß machen kann: Wie Sie anders auf Verletzung und Wut reagieren als mit Tränen; wie Sie lernen, nicht mehr auf sich selbst wütend zu sein, weil Sie weinen, statt auf den Tisch zu hauen; und den Männern, mit denen Sie eng zusammenarbeiten, beizubringen: Wenn Sie weinen, heißt das nur, Sie sind zu wütend für Worte, und den Grund dafür werden Sie ihnen bald erzählen."

Feindseliges Verhalten, gefährlich funkelnde Augen, abweisende Gesten, harte, vorwurfsvolle Worte – und Weinen zählen zu den in Kapitel 3 untersuchten, irrationalen Verteidigungsmaßnahmen. Diese primitiven Verteidigungsmechanismen schalten sich ein, wenn Sie fürchten, jemand oder etwas bedrohe Ihre kostbaren Pläne oder einen anderen wichtigen Teil Ihres Selbst. Sicher ist Weinen vielseitiger als Jähzorn, weil es jedes intensive Gefühl – Freude, Trauer, ja sogar patriotischen Eifer – begleiten kann, doch die störendsten Tränen am Arbeitsplatz sind die, die fließen, weil Sie glauben, der Wert Ihrer Persönlichkeit werde angegriffen.

Wie alle Defensivmanöver funktionieren Jähzorn und Tränen, indem sie Bestürzung, verblüfftes Schweigen, Besorgnis oder Mitleid auslösen – allein oder miteinander kombiniert. Das Ergebnis: Die Gegenseite kommt vom Kurs ab oder reagiert zumindest verwirrt. Kein Wunder, daß dieses sich selbst bekräftigende Schutzverhalten schwierig aufzugeben ist und manchmal zu Entschuldigungen wie „So bin ich nunmal" verleitet. Zum Glück haben Sie die Möglichkeit, sich zu verhalten, als wären Sie nicht „so".

Verteidigungsreaktionen wie diese scheinen oft spontan und ohne Vorwarnung aus Ihnen herauszubrechen, so daß Sie meistens ziemlich machtlos sind. Ihre Aufgabe besteht daher aus drei Schritten:

1. Finden Sie Wege, Ihr Problemverhalten zu stoppen, bevor es aus den Fugen gerät.
2. Sensibilisieren Sie sich für dem Wut- oder Tränenausbruch vorausgehende Anhaltspunkte.
3. Versuchen Sie, die Ihrer Neigung zu Extremreaktionen zugrundeliegenden Perspektiven zu identifizieren und neu zu überdenken.

Jerry Cosel sah endlich ein, daß nicht jeder „Mist" furchtbar tragisch war, und es gelang ihm zu unterscheiden, welche Fehler nur ein „Hoppla!" und welche ein bißchen wohlplaziertes Temperament verdienten.

Anzeichen, daß Sie als reizbar gelten

Sie gelten möglicherweise als reizbar oder übersensibel. Sichere Anzeichen dafür sind:

- Sie sagen nicht nur ab und zu Dinge aus Wut, die Sie später bereuen.
- Ihr Zorn ist manchmal so stark, daß er ein physisches Ventil benötigt – Sie werfen also beispielsweise eine Akte zu Boden oder hauen mit der Faust auf den Tisch.
- Sie entschuldigen sich regelmäßig bei Untergebenen oder Kollegen, weil Ihnen der Kragen geplatzt ist.
- Sie wurden bereits wegen Ihres Temperaments gerügt.
- Sie wurden als launisch oder überemotional bezeichnet.

- Die Diskussion bei Treffen, die Sie leiten, verläuft sehr zahm und Ihr Personal beteiligt sich – entgegen Ihrer Bitte – kaum daran.
- Sie scheuen manchmal davor zurück, in eine wichtige Diskussion einzusteigen oder sich weiter daran zu beteiligen – aus Angst, Sie könnten in Tränen ausbrechen.
- Gleichrangige Kollegen haben in der Vergangenheit konfliktreiche, aber wichtige Diskussionen abgebrochen, weil sie gesehen haben, daß Sie ihnen emotional nicht gewachsen waren.

Motivationen und Befriedigungen, die diesem Verhalten häufig zugrundeliegen

Motivationen

- Ein starker innerer Drang, Ziele schnell zu verwirklichen, der Sie auf Hindernisse und Frustrationen weniger geduldig als andere reagieren läßt.
- Früh gelernte Überzeugungen (die Ihnen vielleicht nur teilweise bewußt sind), daß derjenige, der Sie blockiert, Ihre Werte bedroht oder sich nicht so verhält, wie er soll, ein schlechter Mensch ist, der es verdient, angegriffen und bestraft zu werden.

Befriedigungen

- Das bittersüße Gefühl erschöpfter Befreiung nach einem Wutanfall (bitter, weil Sie Schuldgefühle wegen Ihres Kontrollverlusts haben).
- Die heimliche Genugtuung, es Ihren Widersachern oder „Feinden" gezeigt zu haben (obwohl Sie ahnen, daß Sie bei Ihren Attacken ebenfalls Federn lassen).

Hindernisse, die einer Verhaltensänderung im Wege stehen können

- Der Glaube, starke Gefühle nicht auszuagieren, würde Ihre physische und mentale Gesundheit beeinträchtigen.
- Der Glaube, auf starken Emotionen basierende Verhaltensweisen ließen sich nicht kontrollieren.

Mögliche Auslöser

- Sie fühlen sich bei der Verfolgung Ihrer Ziele blockiert oder frustriert. (Beispiel: Sie entdecken um 17 Uhr Tippfehler in einem wichtigen Schreiben, das Sie heute noch losschicken wollten.)
- Sie leiten aus Worten, Gesten oder Gesichtsausdrücken anderer einen Angriff auf Ihre Arbeit oder Person ab. (Sie beobachten, wie sich am Ende Ihres Vortrags Ihr schärfster Konkurrent zu seinem Mitarbeiter beugt und ihm etwas zuflüstert.)
- Andere verstoßen gegen Ihre Auffassung von Fairneß und Anstand. (Sie erfahren, daß ein Freund mit einem Ihrer Kollegen beim Mittagessen war und Ihr Kollege – Ihr Freund ist sich da ganz sicher – hat Lügengeschichten über Sie verbreitet.)
- Ihre Arbeit wird in dem Bereich in Frage gestellt, wo Sie sich Ihres Wissens oder Ihrer Kompetenz am wenigsten sicher sind.

Ersatzverhaltensweisen

Weinen verhindern

- Entdecken oder erfinden und üben Sie nonverbale Signale, mit denen Sie anderen mitteilen, Zeit zum Nachdenken zu benötigen. Beispiele sind die in vielen Sportarten als „Auszeit"-Zeichen verwendete erhobene Handfläche oder: den Kopf zum Fußboden oder zur Decke drehen – Augen geschlossen, Handflächen nach oben.
- Gewöhnen Sie sich an, bei angestrengtem Nachdenken Ihre Augen mit den Händen abzuschirmen, sich zur Wand zu drehen oder ähnliches. Wiederholen Sie dieses Ritual oft genug, damit es als Ausdruck Ihres Nachdenkens akzeptiert und nicht als Tarnung für tränenglänzende Augen aufgefaßt wird. Falls Sie Skrupel haben, weil Sie meinen, sich zu verstellen, denken Sie daran: Sie verbergen Ihre spontanen Reaktionen nicht, weil sie verwerflich sind, sondern weil sie Ihren effektiven Umgang mit anderen stören und falsche Botschaften vermitteln. („Beschützt mich!")
- Wenn Sie bereits angefangen haben zu weinen, sagen Sie: „Lassen Sie sich durch meine Tränen nicht ablenken. Ich weine immer, wenn ich wütend (entnervt, verärgert, frustriert) bin, und ich möchte, daß wir weitermachen."
- Sobald Sie das Gefühl wütender Verletzung registrieren, das Ihren Tränen häufig vorausgeht, sagen Sie: „Ich brauche eine kurze Pause, um Kaffee zu holen (zur Toilette zu gehen, Dokumente zu besorgen). Wie wäre es mit fünf Minuten?" Oder signalisieren Sie eine Auszeit, heben Sie Ihre Tasse hoch, und verlassen Sie das Zimmer.

Wutanfälle verhindern

- Wenn Ihnen nach Brüllen, Schimpfen oder Lektionenerteilen zumute ist, schließen Sie fest Ihren Mund, setzen Sie sich hin, und bleiben Sie zehn Sekunden lang leise mitzählend regungslos sitzen (eine altbewährte Methode).
- Lenken Sie sich ab, indem Sie in Ihrer Akten- oder Manteltasche nach etwas kramen, Kaffee eingießen etc.
- Erzwingen Sie eine Unterbrechung, indem Sie zur Toilette gehen, um eine Kaffeepause bitten etc.
- Sobald Sie sich wieder unter Kontrolle haben, fragen Sie so ruhig wie möglich: „Bitte erklären Sie mir noch einmal, was Sie erreichen wollen (was Ihr Ziel ist)."
- Um Aussagen oder Verhaltensweisen anderer nicht falsch zu interpretieren, fragen Sie: „Sie haben bei meinem letzten Punkt gelächelt (die Stirn gerunzelt, geblinzelt, die Augen gerollt). Verraten Sie uns Ihre Gedanken?"
- Wenn Sie merken, daß Sie in Wut geraten sind, weil Sie sich blockiert fühlen, sagen: „Wie Sie sehen, reagiere ich in diesem Punkt ziemlich emotional. Erklären Sie mir noch einmal, warum wir Ihrer Meinung nach warten sollten?"
- Sagen Sie nach einem Wutanfall statt einer Entschuldigung: „Gestern sind mir die Nerven durchgegangen. Ich möchte niemanden anschreien, denn das bringt uns nicht weiter, und kein Mensch wird gerne angeschrien. Mitschuld an meinem Ausbruch war die unerwartete Verzögerung bei den Ersatzteilen. Wie können wir das in Zukunft vermeiden?"

So kontrollieren Sie Ihre Neigung zu Wut- oder Tränenausbrüchen

- Verwenden Sie mentales Proben (Abschnitte in Kapitel 4 erneut lesen), um Selbstvertrauen aufzubauen, so daß Sie notfalls die Bremse ziehen und andere Ersatzverhalten abrufen können.
- Gehen Sie davon aus, daß Ihre *Interpretation* einer provozierenden Situation und der Motive der Beteiligten Sie verletzt oder wütend macht – nicht die Situation selbst. Fragen Sie sich bei Ihrer Selbstreflexion nach dem Vorfall: „Warum war ich so wahnsinnig wütend über das, was die anderen taten oder sagten, statt einfach nur verstimmt, ärgerlich oder amüsiert?" Ein möglicher Gedankengang: „Klar konnte man ärgerlich werden, als Shirley über mein penibel ausgearbeitetes Angebot spöttelte, aber eine Katastrophe war das nicht. Was veranlaßte mich zu dem Eindruck, sie hätte ein Verbrechen begangen?"

Sie lernen auf diese Weise die Interpretationen genauer kennen, die Sie zu Tränen oder Wutausbrüchen reizen, so daß Sie langfristig von Ihren Reaktionen weniger überrollt und besser mit ihnen fertig werden. Es besteht aber auch die noch hilfreichere Möglichkeit, daß Sie einige innere (mehr oder weniger unbewußte) Überzeugungen aufdecken, die zumindest teilweise purer Blödsinn sind. Sie freizulegen ist nicht immer leicht, weil es sich meist um „Wahrheiten" handelt, die Sie seit frühester Kindheit verinnerlicht haben.

Bei einer leitenden Personalmanagerin (die später Vize-Direktorin wurde) führten folgende „Wahrheiten" immer wieder zu Tränen- und Wutausbrüchen: „Eine wirklich kompetente Managerin ist in allem, was sie tut, absolut sicher und selbstbewußt. Wenn jemand Fehler oder Schwächen in meiner Präsentation entdeckt, heißt das, ich bin unzulänglich, tauge zu nichts" (Tränen). Und: „Jeder, der mich kritisiert, ist ein schrecklicher Mensch und verdient es, bestraft und verletzt zu werden" (Wutausbruch).

Zwar mögen Sie nicht in der Lage sein, diese unsinnigen Überzeugungen ohne die Hilfe eines Beraters oder Therapeuten (mehr dazu im nächsten Kapitel) zu ergründen, doch meiner Erfahrung nach erleichtert auch eine Ahnung, in welche Richtung diese zielen, den effektiven Einsatz Ihrer Ersatzverhaltensweisen.

Anhaltspunkte für einen Rückfall

- Sie hören, wie Sie einen Wutanfall als gerechtfertigt erklären, da er angeblich durch das Verhalten anderer provoziert wurde.
- Sie ertappen sich dabei, wie Sie Gefälligkeiten von Leuten akzeptieren, die von Ihren Tränen aufrichtig gerührt sind oder Angst haben, diese hervorzurufen.
- Ihre Ausbrüche halten an, doch innere Widerstände hindern Sie daran, eigene Ersatzverhaltensweisen zu konzipieren, diese mental zu proben oder Ihrem Problemverhalten vorausgehende Auslöser zu identifizieren.

Was Sie sich merken sollten

Besonders schlimm und akut sind die Auswirkungen Ihres Angriff-oder-Flucht-Reflexes für diejenigen spürbar, die Ihrer Autorität unterstehen. Natürlich ist die beste Methode, den Schaden zu mindern, auch die unbequemste, nämlich freimütig zuzugeben, daß Sie inzwischen einsehen, was für ein Tyrann Sie sein können, und sich um einen adäquateren Ausdruck Ihrer Gefühlen bemühen.

Die schnellsten Fortschritte beim Zügeln von Jähzorn, die ich je beobachten konnte, machte ein Geschäftsführer, der seinen Mitarbeitern – einschließlich seiner Sekretärin – die

Erlaubnis gab, aus dem Zimmer zu gehen, sobald er sich in einen seiner berühmten Zornesausbrüche hineinsteigerte, denen er den Spitznamen „Wutgockel" verdankte. Nach einigem Zögern erklärten sie ihr Einverständnis – vorausgesetzt, er formuliere sein Gesuch schriftlich. Gesagt, getan.

Der Erfolg war sensationell, er rekapitulierte später: „Obwohl ich sie darum gebeten hatte, war ich doch traumatisiert, als meine Sekretärin mitten in meinem Gebrüll aufstand und mich einfach sitzenließ. Am zweiten Tag brauchte ich nur meine Stimme zu erheben – schon stand jeder, der in meinem Büro war, von seinem Stuhl auf. Einen Augenblick lang war ich sauer, weil wir gerade einen Plan oder sonst etwas Wichtiges besprachen, doch dann fiel mir unsere Abmachung wieder ein, und ich hielt eine Minute lang die Klappe. Nach einer Weile wurde die Sache lächerlich. Wann immer jemand aufstand – um Kaffee zu holen, das Sakko auszuziehen – starrte ich sie oder ihn an, und wir brachen in Gelächter aus. Das war die beste Teambuildingmaßnahme, die ich je ergriffen habe! Jetzt praktiziere ich sie mit meinen Kindern zu Hause, und bei uns herrscht mehr Ruhe und Frieden, als es sich für einen Haushalt mit zwei Teenagern gehört."

10.
Weitere Maßnahmen - ja oder nein?

Walter Rose wurde vom Vize-Direktor der Personalabteilung an mich verwiesen, der wiederum betonte, den eigentlichen Anstoß habe der Vorstandsvorsitzende gegeben. „Die Sache ist nämlich die", erfuhr ich, „Dale, der Vorstandsvorsitzende, bekommt Druck von den anderen Vorstandsmitgliedern, er solle Walter loswerden."

Die Geschichte war nicht ungewöhnlich. Walter war Forschungsdirektor bei einem aufstrebenden High-Tech-Konzern. Zwar warf man seinem Team vor, große Summen auf nie realisierte Projekte verschwendet zu haben, doch gleichzeitig war ihm ein brillanter technischer Durchbruch gelungen, der dem Konzern zwei Jahre Vorsprung vor der Konkurrenz gewährte. Sogar seine Feinde mußten gestehen, daß Walter und seine Forscher unterm Strich eine ansehnliche Bilanz aufzuweisen hatten. Das wirkliche Problem war Walter selbst.

Curtis Hamilton, Vize-Verwaltungsdirektor und Walters Hauptgegner, beschrieb ihn so: „Rose ist ein Könner, keine Frage, aber er ist auch reif für die Klapsmühle. Absolut unorganisiert und defensiv. Gestern beispielsweise legte er dem Vorstand seinen Bericht über neue Projekte vor. Kaum entdeckte ich ein paar unrealistische Kostenkalkulationen – er hatte einfach seine Hausaufgaben nicht gemacht –, brüllte er mich auch schon an, hämmerte auf dem Tisch herum und bezeichnete mich als Dinosaurier. Dale mußte eine Pause anordnen und ihn die restliche Zeit genau im Auge behalten. Walter leistet sich solche Ausfälle zu oft, und ich für meinen Teil will mich nicht mehr damit abfinden. Er ist klug, aber er hätte nie zum Vize-Direktor ernannt werden dürfen."

Walters übrige Kollegen waren zwar weniger offen und unbarmherzig in ihrem Urteil, doch ihr Tenor war im wesentlichen der gleiche. Walter, der merkte, wie seine hitzköpfigen

Eskapaden allmählich seinen Job gefährdeten, erklärte sich bereit, guten Willen zu zeigen (und den Vorstandsvorsitzenden zu besänftigen) und systematisch an einer Mäßigung seines Verhaltens zu arbeiten.

Ein Jahr später beendete ich gerade ein Gespräch mit Curtis, Walters erbittertem Feind, über eine andere Sache, als dieser lächelte und meinte: „Was haben Sie nur mit Walter angestellt, Doktor? Seit sechs Monaten hat er mich nicht angefahren. Er scheint besser organisiert – vielleicht läßt er auch nur zu, daß seine Leute ihn besser organisieren –, auf alle Fälle bin ich beeindruckt. Womöglich sollte ich mich auch mal in Ihre Hände begeben?"

Es stimmte, daß Walter tatsächlich wichtige Aspekte seines Verhaltens modifiziert hatte. Das war sicher nicht leicht für ihn, doch verbissen hatte er sich durch das Programm gekämpft. Seine ehemals grobe Art („Sie sind zu blöd, um das zu verstehen") war einer Bitte um Erklärung („In Ordnung, nennen Sie mir Ihre Gründe") gewichen, und, wie Curtis vermutete, hatte er sich von seinem besser organisierten Team unter die Fittiche nehmen lassen. Um so überraschter war ich, als Walter kurz danach bei mir anrief.

„Dr. Bramson", sagte er, und seine Stimme klang selbst am Telefon angespannt, „könnten Sie mir einen guten Therapeuten empfehlen? Meinen Jähzorn unter Kontrolle zu bekommen hat viel geholfen, aber jetzt frage ich mich, ob ich vielleicht weitermachen sollte."

„Welche Ziele verfolgen Sie?" fragte ich.

„Macht das einen Unterschied? Nun, ich habe drei Gründe. Zunächst einmal haben mich unsere Gespräche neugierig gemacht – von wegen, daß ich immer meine, die Antworten auf alle Fragen kennen zu müssen, um kein Versager zu sein. Ich frage mich, was ich sonst noch an Überzeugungen mit mir rumschleppe. Dann ist da noch meine momentane Partnerin. Sie drängt mich ständig, mehr von meinen Gefühlen preiszugeben, und damit habe ich Probleme – behauptet sie jedenfalls." Er verstummte.

„Sie erwähnten drei Gründe", bohrte ich vorsichtig weiter, denn ich wollte mehr erfahren.

„Es ist wegen meines Sohns", fing er an. „ich... ich schreie ihn oft an, wie ich es früher bei der Arbeit getan habe. Ihn scheint es nicht sehr zu stören, aber ich spüre fast ständig eine Wut in mir, auch wenn ich nicht schreie."

Wie Walter fragen auch Sie sich vielleicht zu einem bestimmten Zeitpunkt, ob eine Beratung, Therapie, Anleitung oder der Beistand anderer, die nicht zu Ihrem unmittelbaren Familien- oder Kollegenkreis zählen, Ihr Bemühen um eine Verhaltensänderung unterstützen könnten. Für Walter lautete die Antwort ja. Einige Monate später rief der Therapeut, den ich ihm empfohlen hatte, (auf Walters Wunsch) bei mir an und bat mich um meine Eindrücke über unseren Klienten. Ich erfuhr etwas über die Quelle seines Jähzorns, die in einer ziemlich schrecklichen Kindheit lag. Hätte er, rätselte ich nun, erst eine Therapie machen sollen, bevor er sich mit seiner Wut am Arbeitsplatz auseinandersetzte?

Als ich ihm zwei Jahre danach begegnete, erzählte Walter, seine Wut habe sich gelegt, und vieles wäre einfacher gewesen, wäre er damals schon soweit gewesen. Andererseits, fuhr er fort, hätte er damals nicht gelernt, sein Verhalten zu mäßigen, hätte man ihn gewiß gefeuert, und diese Erfahrung wäre verheerend für ihn gewesen. Ohne die mutmachende Erkenntnis, sich bessern zu können, hätte er sich wohl nie auf eine Therapie eingelassen.

„Ich glaube, das Beste wäre gewesen", meinte er am Ende, „wenn ich beides gleichzeitig gemacht hätte. Wieso schlugen Sie das nicht vor, als wir uns das erste Mal trafen?"

„Nun", erwiderte ich, „damals waren Ihre Ziele, nicht mehr so aufbrausend zu sein, Curtis vom Hals zu bekommen und nicht gefeuert zu werden. Um sie zu erreichen, mußten Sie Ihr Verhalten, aber nicht unbedingt Ihre Psyche ändern. Doch die Frage lautet: 'Wären Sie zum damaligen Zeitpunkt für die Therapieerfahrung der letzten zwei Jahre bereit gewesen?' Vielleicht waren Sie es, und es ist mir entgangen."

Der Fokus dieses Buches ist nach außen gerichtet. (Wie können Sie, so wie Sie sind, die negativen Effekte Ihres Problemverhaltens mindern?) Diesen Fokus habe ich aus mehreren Gründen gewählt.

Erstens: Weil die gleichen Eigenschaften sowohl positiv als auch negativ eingesetzt werden können, ist es durchaus möglich, eine Schwäche in eine Stärke zu verwandeln, ohne Ihre Persönlichkeit wesentlich zu verändern. Hinzu kommt, daß es in der Regel nicht notwendig ist, sich selbst besser zu verstehen, um sein Verhalten in den Griff zu bekommen. Noch führt ein besseres Selbstverständnis immer zu einer Verhaltensbesserung – obwohl es das oft tut.

Zweitens wird ein geändertes Verhalten über kurz oder lang die Art, wie andere Sie behandeln, ändern, und das wiederum modifiziert Ihre eigene Meinung darüber, was für ein Mensch Sie sind. Wenn das passiert, sind Sie in der Tat ein anderer Mensch geworden.

Drittens besitzt eine nach innen gerichtete Suche, wie ich Walter erklärte, den größten Nutzen, wenn Sie den starken Wunsch haben, sich nicht nur anders zu verhalten, sondern auch anders zu fühlen. Es ist nämlich durchaus möglich, andere mit dem eigenen Verhalten abzustoßen, ohne dabei psychische Qualen zu leiden. Wenn das auf Sie zutrifft, werden Sie sich vermutlich nicht auf das emotional anstrengende Abenteuer einer Selbstentdeckungsreise einlassen. Natürlich kann auch das Gegenteil der Fall sein: Ihr Problemverhalten ist eher harmlos, aber trotzdem leidet Ihre Psyche enorm darunter. Obwohl Ihre Freunde und Kollegen sich wundern, wieso Sie diese Bürde auf sich nehmen wollen, sind Sie ganz sicher, daß Sie eine Psychotherapie oder ähnliche Maßnahmen dringend nötig haben.

Die folgenden Kriterien helfen Ihnen, zu entscheiden, inwiefern weitere Maßnahmen sinnvoll für Sie sind.

Anzeichen, daß zusätzliche therapeutische Maßnahmen sinnvoll sind

- Sie haben es bisher nicht geschafft, ein Verhaltensmanagement-Programm zu starten. Obwohl Sie wissen, daß wichtige Leute Ihr Problemverhalten störend finden, unternehmen Sie nichts dagegen, weil Sie immer noch der Meinung sind, bestimmte Personen oder Umstände seien schuld, wenn Sie schwierig erscheinen.
- Starke oder nachhaltige Gefühle und Impulse blockieren Ihre Bemühungen um eine Verhaltensänderung.
- Ihre Verhaltensänderungsmaßnahmen haben gewisse Erfolge gezeigt, doch Sie fühlen sich angespannt oder deprimiert statt erleichtert und beschwingt.
- Ihre Verhaltensmanagement-Bemühungen haben sich zwar ausgezahlt, dafür leiden Sie seit über zwei Wochen unter einem oder mehreren der folgenden Streßsymptome:
- Störungen im Verdauungssystem
- rapide Beschleunigung der Puls- oder Herzfrequenz (nicht durch Sport, Sex oder Stephen-King-Lektüre ausgelöst)
- Einschlaf- oder Durchschlafschwierigkeiten
- Morgenmüdigkeit
- Muskelverspannungen im Nacken-, Arm- oder Schulterbereich; verstärktes Nägelkauen, Grimassenschneiden, Gesichtszucken; andere nervöse Angewohnheiten
- Konzentrationsschwierigkeiten oder ungewohnte Vergeßlichkeit
- erhöhte Launenhaftigkeit oder allgemeine Reizbarkeit
- verändertes Alkohol-, Drogen- oder Eßverhalten
- Verlust des Interesses an normalen Vergnügungen (einschließlich Sex)
- Sie haben mehrere Verhaltensänderungsprogramme gestartet, hatten anfangs Erfolg, wurden aber immer wieder rückfällig. Sie wissen nicht genau warum, aber Sie sind

mit dem Ergebnis nicht zufrieden. (Das heißt, Sie *wollen* nicht weiter supernett, aber unentschlossen, oder spontan, aber leicht erregbar sein.)
- Als Resultat Ihrer erfolgreichen Bemühungen sind Sie neugierig geworden, warum Ihr Verhalten so und nicht anders ist; Sie möchten mehr herausfinden, doch Ihre Neugierde wird durch die Furcht vor dem Ungewissen gedämpft.

Es gibt zahlreiche Gründe, sich einer Psychotherapie zu unterziehen; dabei sind wir Menschen so komplex und unterschiedlich strukturiert, daß es unmöglich ist, eine Methode zu finden, die bei allen funktioniert. Aber gerade diese Vielfalt an Methoden hat den Vorteil, daß es offenbar für jedes Problem einen passenden Ansatz gibt – vorausgesetzt, man läßt sich darauf ein. Als ersten wichtigen Schritt müssen Sie sich über Ihre spezifischen Gründe für weitere Maßnahmen und Ihre konkreten Ziele klarwerden.

Angenommen, „Kontrollfreak" ist das Etikett, das Sie zurückhält, aber vor lauter Angst, für eine nicht hundertprozentig perfekte Leistung verantwortlich zu sein, sind Sie wie gelähmt und unfähig zum Delegieren. Wenn das der Fall ist, könnte Ihr Therapieziel lauten, Ihr Streben nach Perfektion in den Griff zu bekommen. Zu verstehen, warum Sie so sind, kann ein begleitender Schritt sein, muß aber nicht.

Andererseits interessiert Sie vielleicht gerade, warum Sie Ihre Psyche faszinierend finden und besser kennenlernen wollen. In diesem Fall sollten Sie als ein Ziel vormerken, sich selbst besser zu verstehen. Genau zu wissen, was Sie sich von einer Therapie versprechen und was nicht, hilft, die Methode zu bestimmen, mit der Sie Ihre Ziele – gemessen an dem, was Sie an Zeit und Geld zu investieren bereit sind – am besten erreichen.

Auf den nächsten Seiten finden Sie vier Therapie- und Beratungsmethoden im Kurzüberblick, die sich als Unterstützung von Verhaltensmanagement-Programmen bewährt haben. Grundlage bildet die Annahme, daß es Ihr primäres Ziel ist, bestimmte Verhaltensmängel glattzubügeln, Sie dieses bereits konsequent angepackt haben und nicht wissen, inwieweit weiterführende Maßnahmen sinnvoll für Sie sind.

Die Aufzählung beginnt mit der Verhaltenstherapie, die ihren Fokus fast ausschließlich auf Verhalten und Verhaltensumstände richtet, und endet mit den sogenannten dynamischen Verfahren, die maßgeblich nach innen blicken, indem sie helfen, die verhaltenssteuernden emotionalen Kräfte zu verstehen und nachzuvollziehen. Erkundigen Sie sich, welchen Ansatz Ihr potentieller Therapeut bevorzugt. In der Regel ist es jedoch so, daß die meisten Therapeuten selektiv vorgehen und aus einer Vielzahl von Methoden das Passende herausziehen, von dem sie glauben, es helfe ihren Klienten am besten.

Therapien zur Unterstützung von Verhaltensänderungsprogrammen

Verhaltenstherapie

Verhaltenstherapeuten helfen, spezifische Ziele für Ihr Änderungsprogramm zu definieren, und erklären, wie Sie das zu vermeidende Verhalten in der Vergangenheit bekräftigten und honorierten. Sie tragen dazu bei, daß ihre zahlreichen Klienten ihr unberechenbares Verhalten in den Griff bekommen. Die ihm zugrundeliegenden mentalen oder emotionalen Strukturen interessieren sie dagegen nicht. Die aktive Arbeit mit einem Verhaltenstherapeuten dauert mehrere Monate bis ein Jahr.

Kognitive Verfahren

Kognitive Therapeuten gehen davon aus, daß nicht das, was Sie nicht wissen, Sie in Schwierigkeiten bringt, sondern die unsinnigen Überzeugungen, deren Sie sich ganz sicher sind.

Sie helfen bei der Bewußtmachung unrealistischer oder irrationaler, in der Kindheit angenommener Gedanken und Überzeugungen und zwingen Sie, diese aus der Warte des weniger naiven, erfahreneren Erwachsenen kritisch zu beleuchten.

Angenommen, Ihre unrealistische Überzeugung „Ich habe ein Recht auf Hilfe, und wenn meine Vorgesetzten mir nicht helfen, heißt das, sie sind schlechte Menschen" bringt Sie immer, wenn Ihr Chef Ihre Probleme ignoriert, in Rage. Ihr Therapeut arbeitet mit Ihnen daran – oder er bearbeitet Sie, daß Sie diese absolute Überzeugung umdeuten, den Sinn vom Unsinn trennen, und etwa zu dieser Stellungnahme gelangen: „Es ist schön, Hilfe zu bekommen, wenn ich sie will, aber ich brauche sie nicht wirklich, denn wäre mein Chef plötzlich nicht mehr da, könnte ich immer noch meinen Job machen. Und was meine ich überhaupt mit einem 'Recht' auf Hilfe? Klar war mein Chef nicht immer hilfsbereit, und teilweise lag das an seiner – wirklich ärgerlichen – Inkompetenz, aber das heißt nicht, daß er ein schlechter Mensch ist und Strafe verdient."

Die kognitive Therapie eignet sich vor allem für kontemplative Typen, die es vorziehen, über ihre Gefühle zu reflektieren und zu sprechen, statt sie direkt auszudrücken. Kognitive Therapeuten nennen sich manchmal auch „kognitiv-behavioristisch" oder verwenden den Fachbegriff „rational-emotive Therapie" als eine spezielle, von Albert Ellis begründete Form der kognitiven Therapie. Die Dauer dieser Behandlung kann sehr unterschiedlich sein, bei überschaubaren Therapiezielen sind sechs Monate jedoch das Maximum.

Systematische Kurztherapie

Anders als der komplizierte Name vermuten läßt, handelt es sich um ein verblüffend einfaches Konzept: Wenn wir Probleme mit uns selbst oder mit anderen bekommen, tun wir, was immer uns logisch, rationell oder vernünftig erscheint, um diese zu beheben – und haben meistens Erfolg. Falls nicht, probieren wir es erneut mit der gleichen falschen oder einer nur geringfügig abweichenden Methode, aber diesmal lauter, länger oder ausgeklügelter. Da wir aber, bildlich gesprochen, immer noch auf der falschen Fährte sind, reiten wir uns um so tiefer in unsere Probleme hinein. Der einzige Ausweg besteht im Ersetzen der alten durch eine radikal neue Lösungsmethode.

Hier kommt der Therapeut ins Spiel. Er gehört nicht zu Ihrem Teufelskreis, erkennt daher besser die falschen Vorzeichen, die Sie leiteten, und schlägt alternative Wege vor, für die Sie bisher blind waren. Die Parallele zwischen diesem Ansatz und der Verwendung einiger Ersatzverhaltensweisen in früheren Kapiteln ist keineswegs zufällig. Wichtig: Systematische Kurztherapeuten versuchen, ihre Intervention auf höchstens fünf Sitzungen zu begrenzen.

Dynamische Verfahren

Diese Verfahrenssammlung hilft Ihnen, die Ihr Verhalten am stärksten beeinflussenden emotionalen Kräfte („Dynamiken" im Fachjargon) zu verstehen und nachzuvollziehen. Ihr Ansatz gründet auf der fundamentalen Annahme, daß Persönlichkeitsveränderungen durch eine offene, ehrliche Beziehung zu einer anderen Person, deren einzige Aufgabe darin besteht, Ihnen zu helfen, ermöglicht werden. Während Sie diese Beziehung aufbauen, begreifen Sie allmählich, wie frühere schwierige Beziehungen zu Schlüsselpersonen in Ihrem Leben Sie emotional verletzlich machten oder mit störendem Defensivverhalten befrachteten.

Die Notwendigkeit, Ihre eigene Psyche in allen Einzelheiten zu verstehen, wird von dynamischen Therapeuten unterschiedlich stark gewichtet, doch mit oder ohne diesen intellektuellen Unterbau ist bei günstigem Verlauf mit einer Verminderung Ihrer emotionalen Unberechenbarkeiten, Spannungen und Ängste zu rechnen.

Dynamische Verfahren können langfristig (Jahre) oder kurzfristig (mindestens sechs Monate) angelegt sein und auf unterschiedlichen Konzepten beruhen. Egal, welchem Konzept sie folgen, sagen und tun gute dynamische Therapeuten so ziemlich dasselbe. Diese Methode eignet sich besonders bei starken Ängsten oder für emotional expressive Persönlichkeiten.

Andere Maßnahmen

Zwölf-Schritte-Selbsthilfegruppen

Das bekannteste Beispiel für ein 12-Schritte-Programm sind die Anonymen Alkoholiker, aber inzwischen gibt es viele ähnliche Gruppenformen für eine Vielzahl schwieriger Verhaltensweisen. Zu den Stärken dieser Programme gehören die geduldige Akzeptanz auch wiederholter Rückfälle und Ausrutscher sowie die Normalisierung des Problemverhaltens. Die Botschaft lautet: „Wir haben alle das gleiche erlebt, du bist nicht der einzige." Insofern eignen sie sich besonders für jene, die mehrere gescheiterte Verhaltensänderungsversuche hinter sich und den Glauben an ihre Änderungsfähigkeit verloren haben.

Formal ausgewertete 12-Schritte-Programme (überwiegend AA) zeigen ähnliche Erfolgsquoten wie konventionellere Therapiemodelle, betrachtet man als einziges Kriterium, wie effektiv das unerwünschte Verhalten unter Kontrolle gebracht wurde. Versuchen Sie ein Programm mit Bezug zu Ihrem Arbeitsproblem zu finden. Selbsthilfeprogramme, zum Beispiel für Wutleidende oder Beziehungsabhängige, sind für ihre Teilnehmer eine Quelle des Mutes und der Unterstützung, an die sie regelmäßig zurückkehren, um ihre Verpflichtung zu erneuern.

„Living-in-Process"-Selbsthilfegruppen

„Living-in-Process" heißt ein relativ neuer Ansatz zur gegenseitigen Unterstützung und persönlichen Entwicklung in unserer chaotischen modernen Gesellschaft. Diese Gruppen bieten sowohl ein freimütiges, aber wertneutrales Feedback, wie es für Ihre Verhaltensänderung so wichtig ist, als auch die Gelegenheit zum Entwerfen und Üben offener, klarer Kommunikationsmodelle in einer positiven und freundlichen Atmosphäre. Nähere Auskünfte erteilt: Living-in-Process Network, c/o Wilson Schaef Associates, P.O. Box 18686, Boulder, Colorado 80308.

Eine persönliche Anmerkung

Klingt alles nicht ganz einfach, oder? Ich habe meine Klienten, die sich mit einigem Erfolg durch die Schritte und Aufgaben dieses Buchs – den „Hindernisparcours", wie einer es nannte – gekämpft haben, gefragt, was ihnen die Kraft zum Durchhalten gab. Die meisten erklärten, es sei ihnen einfach nicht möglich gewesen, das anstoßgebende Karrierehindernis wieder zu vergessen oder zu ignorieren.

„Die Alternative lautete: Organisiere dich, oder du wirst gefeuert – ich hatte einfach keine Wahl", sagten einige. Oder: „Ich wußte, ich würde so lange nicht befördert, wie ich nicht das gesamte Personal – alle Ebenen – hinter mir hatte." Oder: „Ich hatte die Nase voll davon, immer die schlechteste Verkaufsstatistik zu haben." Für die meisten war der Änderungsprozeß verwirrend. Sie hatten Angst, den Spiegel vorgehalten zu bekommen, in dem sie sich mit den Augen anderer sahen; fürchteten, ihr Verhalten wirke aufgesetzt, und waren wütend auf mich, weil ich es nicht durchgehen ließ, wenn ihre Gründe zu Legitimationen wurden.

Aber es gab auch Momente der Freude – und Verwunderung –, wenn ihr neues Verhalten dazu führte, daß man entsprechend anders auf sie zuging. Sie gewannen ihr Vertrauen zurück und konnten ihr Leben ändern. Sie sahen sich nicht als Opfer oder Täter, sondern als vielschichtige Persönlichkeiten, denen ein faszinierendes Rätsel zur Lösung aufgegeben war. Wie die Ex-Besserwisserin Sally, immer noch nicht sehr bescheiden, resümierte: „Na ja, ich sah dem Feedback nicht gerade mit Freude entgegen, und der Rest war auch nicht immer einfach, aber wie sonst hätte ich ihnen beweisen sollen, was tatsächlich in mir steckt?" Ja, wie sonst?

Anmerkungen

Kapitel 2

(Seite 37) Hinweise zur Abklärung von Erwartungshaltungen mit Vorgesetzten finden Sie auch in meinem Buch *Schwierige Chefs*.

(Seite 40) Wenn die meisten von uns blind sind für die Eindrücke, die wir auf andere machen, wie gelingt es uns dann überhaupt, funktionierende Teams zu bilden? Die beunruhigende Antwort: Häufig gelingt es uns gar nicht. Die Arbeits- oder Sportgruppen, die wir Teams nennen, sind von externen Koordinationsmechanismen in Form eines Coachs, Mannschaftskapitäns oder einer Anzahl verhaltensregulierender Rollen und Verfahren abhängig. Jüngste Studien zeigen: Ein wirklich interaktives Teamwork erfordert immenses Training und ein hohes Maß an kritischem Erfahrungsaustausch. Und selbst dann kommt es vielfach zu Mißverständnissen und Fehlkommunikationen, die es auszubügeln gilt. Interessanterweise machen sich die meisten von uns auch keine Illusionen mehr, daß es einfach wäre, private Beziehungen intakt zu halten – das beweist die Vielzahl an populären Ratgebern und Magazinen über den richtigen Umgang mit Ehepartnern, Kindern und Lebensgefährten.

(Seite 43) Diese Prozentzahl stammt aus unveröffentlichten Daten von Studien, die wir über schwierige Personen im betrieblichen Umfeld durchführten.

(Seite 43) Susan Bramson leistete einen unschätzbaren Beitrag beim Skizzieren der auf Seite 43-59 beschriebenen Möglichkeiten zur Feedbackbeschaffung.

Kapitel 3

(Seite 68 ff.) Wenn Sie Ihren Aktionsplan zu Papier bringen, schreiben Sie damit eine neue Geschichte über die Person, die Sie sein können. Sie skizzieren nicht nur ein neues Verhalten, sondern betten dieses in die Realität Ihrer Fähigkeiten, Ihrer Ziele und Ihres Umfelds ein.

(Seite 76) Eine sarkastische Bemerkung wertfrei als solche zu kennzeichnen nimmt ihr die Spitze. Menschen reagieren weniger auf das tatsächliche Verhalten als auf die Bedeutung, die sie ihm beimessen.

Kapitel 4

(Seite 96 f.) Ein Punkt, in dem Freudianer und Behavioristen übereinstimmen, ist der, daß Menschen bestimmte Verhaltensweisen erlernen, weil sie sie befriedigend finden. Freuds (paraphrasierter) Schlußfolgerung, in jedem Problem stecke auch eine Befriedigung, habe ich nie widersprochen.

Kapitel 5

(126 ff.) Die Wirksamkeit dieser Methode der Imagesteuerung fiel mir das erste Mal auf, als ich als Infanterist jener Tortur ausgesetzt war, die sich Grundausbildung nennt. Ein für seine jungen Jahre überaus weiser Leidensgenosse schaffte es, seinen Plan, in den er ein paar von uns eingeweiht hatte, durchzusetzen und frühzeitig aus der Infanterie entlassen zu werden, indem er bei Geländemärschen und anderen Übungen mit schmerzverzerrter Miene loshumpelte und tapfer alle Hilfsangebote der anfangs argwöhnischen, dann mitleidigen Ausbildungsleiter zurückwies. Seine eisern mannhafte Weigerung, aus der Pflicht entlassen zu werden, unterschied sich so kraß vom stereotypen Bild des simulierenden Drückebergers, daß die Ausbilder zu der Überzeu-

gung gelangten, er sei in der Tat unfähig, als Infanterist zu überleben. Später las ich über eine ähnliche Anwendung der gleichen Methode durch den Insassen eines Konzentrationslagers, eines Psychologen, der sein emotionales Gleichgewicht wahrte, indem er, was ihm und seinen Mithäftlingen widerfuhr, quasi als Phänomene beobachtete. Es gelang ihm, dringend benötigte medizinische Hilfe für sich zu bekommen, indem er diese zunächst ablehnte und so das Klischee seines Aufsehers, der seine ethnische Minderheit als ein Volk von Nörglern und Waschlappen einschätzte, widerlegte. Bisher haben etwa zwölf meiner Klienten, die sich in einer ähnlichen Situation wie Nicole befanden, diesen Ansatz ethisch und mit gutem Erfolg genutzt.

Kapitel 6

(Seite 139) 74 Prozent der Teilnehmer an Seminaren über schwierige Chefs sagten, sie würden „Ich muß darauf bestehen" gegenüber „Tun Sie's!" vorziehen, weil es „persönlicher", „weniger abrupt", „einfach höflicher" klänge. Über Jahre gesammelte Klientenberichte legen nahe, daß die Wortwahl den Unterschied ausmacht. Ein wahrscheinlicher Grund ist der in „Ich muß ..." anklingende Fakt, die Forderung beruhe nicht auf einem persönlichen Bedürfnis nach Machtausübung, sondern auf nicht näher bekannten äußeren Umständen. Das paßt zu Erkenntnissen, daß Handlungen seltener Ärger oder Wut provozieren, wenn sie als außerhalb der Kontrolle des Handelnden liegend interpretiert werden.

Kapitel 9

(Seite 172) Die meisten Menschen sind in der Lage, die unrealistischen Elemente einiger früh erlernter Überzeugungen zu erkennen, sobald sie akzeptiert haben, daß diese Lebensregeln nicht in Stein gehauen sind – sie können in Frage gestellt werden. Schon der *Versuch*, den Sinn vom Unsinn zu trennen, nimmt diesen Geboten viel von ihrer Macht.

Kapitel 10

(Seite 185) Zwar stimmen die meisten Psychotherapeuten überein, daß bestimmte Therapieformen für bestimmte Patienten und Probleme mehr oder weniger geeignet sind, doch ist es schwierig, objektive Beweise für diese Behauptung zu finden. Daß den meisten Menschen mit Psychotherapie geholfen werden kann, ist mehrfach und eindeutig belegt, allerdings scheint eine Methode so effektiv wie die andere. Angesichts des Facettenreichtums von Individuen und ihren Problemen scheint die Schwierigkeit jedoch eher in unzureichenden Forschungsmodellen und Bewertungsinstrumenten zu liegen.

(Seite 187) Die meisten Experten gebrauchen den Begriff „dynamische Psychotherapie" als Synonym für eine psychoanalytisch orientierte Therapie. Ich verwende ihn hier in umfassenderem Sinne. Während sich die anderen erwähnten Ansätze allein auf das Verhalten oder wie Sie über sich und Ihre Situation denken oder den situativen Kontext des Problems konzentrieren, behaupten die dynamischen Verfahren, die verschiedenen Aspekte Ihrer Persönlichkeit zu rekonstruieren und zu reintegrieren.

(Seite 188) Meine Ansicht, kompetente Therapeuten würden sich in dem, was sie sagen und tun, nur wenig unterscheiden, beruht auf Gelegenheiten, gemeinsam mit Therapeuten sehr divergierender Richtungen Seminare zu leiten, auf meiner eigenen therapeutischen Erfahrung sowie auf Gesprächen mit Therapeuten, an die ich meine Klienten verwies.